슬기로운 타로생활

Before   New vision   After

before   소년이 여행 가기 전에 뭘 했을까요?

new vision   소년의 뒷모습

after   소년이 절벽에서 떨어진다면...

슬기로운 타로생활

1판 1쇄 발행 2020년 10월 20일
2판 1쇄 발행 2022년 8월 29일

지은이 전원영

편집 유별리 마케팅 박가영 총괄 신선미

펴낸곳 하움출판사 펴낸이 문현광

이메일 haum1000@naver.com 홈페이지 haum.kr
블로그 blog.naver.com/haum1007 인스타 @haum1007

ISBN 979-11-6440-206-9 (13180)

좋은 책을 만들겠습니다.
하움출판사는 독자 여러분의 의견에 항상 귀 기울이고 있습니다.
파본은 구입처에서 교환해 드립니다.

내 인생의 터닝 포인트가 언제였을까?

누구나 한번쯤은 생각해 보셨을 겁니다. 저 또한 평범하게 맞벌이를 하는 직장인에서 경력이 단절된 주부의 길로 들어서는 길목에서 타로를 우연히 만났습니다. 그 매력에 풍덩 빠져서 1년간 타로책을 독파했던 기억이 납니다.

그때까지만 해도 저에게 타로는 그저 심심풀이 재미난 오락의 도구 정도로 보는 서양점이나 마술도구 정도였습니다. 하지만 아는 만큼 보인다고 하지요. 해를 더해가며 타로의 매력을 깨달을수록, 갈증이 더해갈수록 공부를 해야겠다고 생각했고 그 시간이 어느덧 10년이 훌쩍 넘어버렸습니다. 1만 시간의 법칙이라고 했나요?

저에게 타로를 상담의 도구이자 철학적 도구라고 심어주신 스승님의 말씀에 전화타로상담사로 취업을 했고 전국의 상담전화를 받기 시작했습니다. 우울, 자살, 외도, 가정폭력, 자존감이 약해 끊임없이 사랑을 갈구하는 사람들의 수많은 전화들 속에서 타로가 단순히 길흉화복이나 인생의 OX를 알려주는 도구가 되어서는 안 되겠구나… 깨닫게 되었고 타로를 상담에 접목시키고 현장에서 그들의 목소리를 듣고자 사회복지를 공부하게 되었습니다.

지금도 타로는 재미와 이벤트의 도구로 사람들을 즐겁게 해주며 연인들의 데이트 코스에 빠짐없이 등장하기도 합니다. 대중과 가까이 호흡하는 타로가 뭐가 나쁘단 말입니까? 하지만 스스로 심리상담사라는 직업인으로서 타로카드를 활용하고 싶다면, 좀 더 깊이 있는 성찰과 혜안으로 무장되었으면 합니다.

　이 책은 지난 3년간 타로카드를 강의하면서 쉽고 재밌는 책이 있었으면 좋겠다는 이야기를 듣고 집필하게 되었습니다. 타로카드 강의를 하면서 가장 많이 들었던 이야기는 '생각보다 어려워요'였습니다. 쉽고 재밌게 써 있는 책이 있었으면 좋겠어요, 그림이라 쉬운 줄 알았는데 어려워요, 사주는 어렵고 타로는 쉬운 줄 알았는데 어렵네요…….
　네, 맞습니다. 타로는 쉽지 않습니다. 결코 가볍게 보지 않으셔야 합니다. 하지만 너무 어렵게도 보지 않으셔야 합니다.
　타로카드를 배우는 것은 단순히 미래를 잘 맞추는 스킬을 연마하게 되는 것이 아닙니다. 타로를 배우는 궁극적인 목적은 사람의 다양성에 대해 깨닫게 되는 것입니다. 어쩌면 나를 가장 사랑하지만 가장 힘들게도 하는 가족의 두 얼굴을 조금 더 이해하고 사랑할 수 있을지 모릅니다. 이 책은 그런 목적으로 쓰였습니다.

　지난 수년간 타로카드는 키워드가 어느정도 매뉴얼화 되어 간단하게 해석하는 데 무리가 없기도 합니다. 하지만 키워드의 함정에 빠져 상상력을 잃어버리지 않으셨으면 좋겠습니다. 단순한 키워드의 암기로 타로를 해석하기엔 점성학, 수비학, 그리스로마 신화, 색채학, 심리학, 심령학 등 너무나 방대한 상징과 이론들이 그림에 녹아있기 때문입니다.

그래서 이 책에선 타로카드를 360도 회전하며 입체적으로 바라볼 수 있도록, 또한 카드 한 장 한 장이 개별적인 개체가 아니라 거대한 매트릭스처럼 연결고리를 갖고 있다는 것을 조금이나마 알아차릴 수 있도록 했습니다.

　타로카드를 사용하고자 하는 목적은 개인마다 다양합니다. 전 세계 문화의 상징성이 들어 있는 아름다운 그림에 매혹되어 카드를 소장하는 사람도 있고 오락과 취미로 사용하는 사람도 있으며 명상의 도구로 활용하는 사람들도 많습니다. 또는 교육현장이나 사회복지 기관에서 상담의 도구로 활용하는 사람들도 있지요. 그 목적이 무엇이든 간에 글자없는 그림책을 보면서 무한한 상상력을 펼쳤던 순수했던 어린 시절처럼, 타로를 순수하게 바라보고 아끼고 가벼이 여기지 않으셨으면 좋겠습니다.

목차

1부

슬기로운 타로 공부

타로의 역사 간단하게 짚어보기

1. 이집트 기원설

이집트문명의 특성상 신화, 상형문자, 벽화 등이 타로카드에 영향을 주었을 것이라는 주장이다. 문자와 지혜의 신 토트Thoth는 태양을 숭배하는 태양신이었으며 이집트 상형문자가 고대 마법의 지식을 내포하고 있다고 주장하였고, 18세기 프랑스 타로 오컬티스트 앙트안쿠르 드 제블랭 Antoine court de Geblin이 그의 저서 토트의 서Book of Thoth에서 타로카드가 고대 이집트 신화를 모티브로 하고 있다고 저술했다. 그의 책을 읽고 에테일라라는 점술사는 최초의 역방향 카드를 도입하여 타로해석법에 관한 책을 저술하기도 하였으며 타로카드를 점술의 도구로 대중화하는 데 영향을 주게 된다. 1799년에 로제타석Rosetta Stone이 발굴되고 이집트 상형문자가 해독되면서 이집트 상형문자와 타로와의 연관성에 대한 논리는 관련성이 적다고 하여 설득력을 잃었지만 13세기 십자군 전쟁을 거치며 이집트의 타로카드가 유럽에 놀이도구와 점술도구로 전해졌을 것이라는 주장이 있다.

2. 인도 기원설

인도에는 '차투랑가chaturanga'라고 불리는 전통게임이 있다. 코끼리, 말, 마차, 병사의 4멤버로 이루어진 놀이인데 이 때문에 장기와 체스, 타로카드, 트럼프 등이 인도의 차투랑가 놀이로부터 전해졌다는 설이다. 타로카드는 중세사회 계급인 왕, 귀족, 신하, 평민으로 구분되는데 인도의 신분제도인 카스트제도에서 전달되고 유래되었을 것이라고 보는 주장이다.

3. 중국 기원설

농경문화였던 중국에서 비의 영향력은 중요했기 때문에 비를 내리게 하기 위해 거북이, 소 등의 동물 뼈에 문자를 새겨 기우를 예측했던 갑골문화에서 유래되었다는 설이다. 인쇄기술과 종이가 유럽보다 700년이나 앞섰기 때문에 중국문명이 유럽으로 건너가 영향을 미쳤을 것이라는 주장이다.

4. 유대교 기원설

카발라는 유대교의 신비주의를 말하며 히브리어로 전통이라는 뜻이다. 유대교 경전인 '토라TORA'가 타로의 어원이라는 주장이다. 또한 22개의 알파벳이 타로카드 메이저 아르카나의 22장과 관련이 있다고 보았으며, 이때부터 타로카드는 카발라 사상의 핵심인 생명의 나무(세피로트)의 지혜를 반영하고 있다고 주장하였다. 이후 카발라주의자들에게 영향력을 미쳤고 지속적인 발전을 이루게 된다.

5. 알비파 기원설

오늘날 가장 대중적으로 사용되고 있는 모던타로의 도안자인 아서 에드워드 웨이트Athur Edward Waite가 이단으로 불렸던 알비파 종파가 그들만의 비밀스러운 상징체계인 비침무늬 문자가 타로카드의 기원이 되었다고 주장했다. 알비파는 프랑스 남부지역에서 번성한 기독교 교파로 이원론과 영지주의를 바탕으로 번성했으나 십자군 원정과 로마 교황청 탄압으로 역사 속으로 사라졌다고 한다.

타로의 어원

이집트 문자 'Tar(길)'와 'ro, ros(장엄한, 왕족)'에서 유래되어 왕족의 길을 의미한다는 주장이 있으며, 달과 지혜의 신 토트Thoth의 이름에서 따온 것이라는 추측이 있다. 또한 라틴어인 'Rota(바퀴, 순환)', 이탈리아 북부에 위치한 'Toro'라는 강의 이름, 힌두어로 '카드'라는 의미의 'Taru', 히브리어로 '법률'이라는 의미의 'Tora', 카드의 뒷면이라는 뜻의 'Tarotee'에서 유래되었다는 설들이 있다.

메이저 아르카나(Major Arcana)

THE FOOL. / THE MAGICIAN. / THE HIGH PRIESTESS. / THE EMPRESS. / THE EMPEROR.

THE HIEROPHANT. / THE LOVERS. / THE CHARIOT. / STRENGTH. / THE HERMIT.

WHEEL of FORTUNE. / JUSTICE. / THE HANGED MAN. / DEATH. / TEMPERANCE.

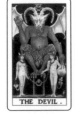    

THE DEVIL. / THE TOWER. / THE STAR. / THE MOON. / THE SUN.

JUDGEMENT. / THE WORLD.

메이저 아르카나Major Arcana의 어원은 효과나 범위 등이 크다는 뜻의 Major와 영어, 스페인어로 비밀이라는 라틴어 'arcana(arcanum의 복수형)'이다. 0~21번까지 총 22장으로 구성된 생애 주기 속 비밀을 상징한다. 1~7번은 청소년기를 상징하며 부모로부터 태어나서 사랑에 눈을 뜨며 세상의 이치를 아는 1차 성장 시기이다. 8~14번은 중장년기를 상징하며 삶의 희노애락의 경험을 쌓아가는 시기이다. 15~21번은 노년기이며 자연에의 회귀, 생애 주기의 마감을 상징한다.

슈트에 따른 분류

슈트	4요소	키워드	성격
동전	지(地)	물질·안전·평화	안정적
컵	수(水)	마음·감정·관계	감성적
지팡이	화(火)	몸·열정·에너지	열정적
검	풍(風)	이성·사고·분석	이성적

숫자카드 분석

1번	시작과 창조 · 남성성 · 혁신 · 에너지
2번	대립과 조화 · 균형 · 여성성 · 협동
3번	최초의 완전수 · 결실 · 창조적 에너지
4번	견고함 · 결실 · 논리 · 이성 · 현실성 · 안정성
5번	혼돈 · 무질서 · 인간의 수 · 불안정성 · 변화
6번	두 번째 완전수 · 균형 · 가족 · 결혼 · 조화
7번	한 주기의 완성 · 순환주기 완료 · 성공
8번	재정비 · 조직화 · 재생
9번	세 번째 완전수 · 영성 · 완성 이전의 기초
10번	완전수 · 새로운 시작 · 완벽함 · 독립

0 바보 The Fool
우리들의 영원한 젊은 오빠

우리는 모두 '자유로운 나'로 살기 위해 세상에 태어났습니다. 당당하게 가슴을 내밀고 먼 곳을 바라보는 모습이 어딘가로 떠나려 하는 새내기 같습니다. '길들여짐'으로부터의 탈출을 그린 영화 '빠삐용'의 한 장면 같지요.

before	소년이 여행 가기 전에 뭘 했을까요?
new vision	소년의 뒷모습
after	소년이 절벽에서 떨어진다면···

카드 핵심 키워드

| 정방향 | 자유 · 모험 · 시작 · 순수함 · 탄생 · 출발 · 새내기 |
| 역방향 | 실수 · 어리석음 · 성급함 · 어린아이 · 무모함 |

성격 특성

| 장점 | 넌 밝고 순수한 어린아이 같아~ |
| 단점 | 지나치게 무모하고 즉흥적인 게 문제야! |

직업 적성

프리랜서 · 예술가 · 사업가 · 자유로운 연예인

숨바꼭질 타로 상징 찾기

빨간 봇짐 생명의 시작을 알리는 심장 모양   강아지 함께하는 친구이며
조언자   절벽 위험한 인생길   태양 희망의 메시지   설산 인생의 굴곡

실전 사례 적용

사랑
1 연애는 yes, 결혼은 no. 독신으로 살아도 괜찮아요.
2 첫사랑만 한 사람을 못 찾았어요. 그래서 정착을 못 해요.
3 그냥 그 사람이어서 좋아요.

일
1 한 가지 일만은 못 해요.
2 다재다능하고 싶어요.
3 가슴 뛰고 행복한 일이 좋아요.

관계
1 사람을 너무 믿어서 탈이야~
2 낙천적이어서 좋아!
3 활발하고 명랑해요.

상담 TIP

원인   책임감이 없는 게 문제예요.
해결   신중하게 판단하세요!
결과   새로운 출발을 축하드립니다.

MEMO

1 마법사 The Magician
매력만점 회장 오빠

우리 여성들은 모두 완벽한 남자를 꿈꾸고 동경해왔습니다. 세상의 모든 이치를 먼저 깨닫고, 나에게 방향을 제시해 주고 조언해 주는 사람이 있다면 고단한 인생길을 지혜롭게 풀어갈 수 있겠죠?

before	마법을 시작하려고 준비하는 모습
new vision	마법사 뒤에 원숭이가 앉아 있다면?
after	마법사는 4원소를 가지고 무엇을 하려 할까요?

카드 핵심 키워드

정방향	지혜로움 · 리더십 · 사랑 · 독창력 · 창의력 · 상상력 · 융통성 · 호감 가는 사람 · 확신에 찬
역방향	속임수 · 자기 기만과 과신 · 달변가 · 사기꾼 · 바람

성격 특성

장점	리더십이 탁월한 회장 오빠 스타일!
단점	지나친 자신감에 발등 찍힐 수 있음!

직업 적성

모든 분야의 리더 · IT · 금융 · 신기술 개발자 · 대표이사

숨바꼭질 타로 상징 찾기

뫼비우스의 띠 **영원불멸**   뱀 허리띠 **지혜**   붉은 장미와 백합 **열정과 순수**
탁자 위의 4원소 **창조를 위한 도구**   반만 보이는 탁자 **창조해야 할 숙제**

실전 사례 적용

사랑	1 모든 사람들한테 인기가 있었으면 좋겠어요.
	2 나 정도면 괜찮은 사람이지.
	3 연애는 자신 있어요.
일	1 좀 더 창의적으로 생각하자.
	2 손재주가 좋은 사람이에요.
	3 통합적 사고능력이 우수하세요.
관계	1 리더십을 발휘하는 사람
	2 어디서든 융합하는 사람
	3 반장, 회장으로 추천되는 사람

상담 TIP

원인	너무 자신감이 넘치네요.
해결	리더십을 발휘하세요!
결과	실력을 인정받게 될 거예요.

MEMO

2 여사제 The High Priestess
신비로운 매력을 가진 참한 언니

영화 '로마의 휴일'에서 오드리 햅번의 진짜 모습은 무엇일까요? 공주로서의 위엄과 품위를 지키는 모습과 신문기자와 순수한 사랑에 빠진 소녀 같은 여인의 모습, 두 가지 모두 지키고 싶어하는 매력을 숨기고 있는 여인이지요.

before	여사제의 통찰력은 어디에서 오는 것일까?
new vision	가려진 휘장 너머에는 무엇을 숨기고 있을까?
after	꼭 쥐고 있는 그녀의 손이 풀어진다면?

카드 핵심 키워드

정방향	지혜 · 통찰력 · 평온함 · 침착함 · 신비스러움 · 도덕적이고 올곧은
역방향	예민하고 히스테리적인 · 의부증적인 · 결벽증 · 짝사랑

성격 특성

장점	지적이며 올곧고 도덕적이다.
단점	완벽함을 추구하다 보니 깐깐하고 까다롭다.

직업 적성

선생님 · 아나운서 · 승무원 · 교육사업가 · 종교철학 종사자

숨바꼭질 타로 상징 찾기

왕관 여성성을 상징하는 달의 모양   토라 지적인 에너지   물 동요하지 않는 감정   흑백 기둥 선과 악   휘장 여성성을 감추고 있는 도구

실전 사례 적용

사랑	1 내 마음을 들키기 싫어.
	2 아무하고나 사귀고 싶지는 않아요.
	3 지적인 남자가 좋아요.
일	1 정도경영에 위배되는 일은 할 수 없어요.
	2 정직하게 보상을 받는 일이 좋네요.
	3 단순히 성과를 쫓기보다 지식을 쌓고 발전해 가며 일을 하고 싶어요.
관계	1 때론 포근하고 때론 차가운 사람
	2 조용히 대화할 친구로 좋아요.
	3 절대 선을 넘지 않아요.

상담 TIP

원인	지나치게 엄격하시네요.
해결	통찰력 있게 바라보세요.
결과	현명하게 판단할 겁니다.

MEMO

3 여황제 The Empress
우아함과 품위 모든 걸 가진 여자

자식에게 한없이 부드럽고 따뜻한 어머니는 우리의 실수나 잘못을 늘 너그럽게 포용해주는 넓은 가슴의 소유자였습니다. 승리의 월계관과 왕관을 쓰고 있는 우아한 여인의 모습이 아름다움과 성공을 모두 갖춘 비너스 같네요. 풍만하고 우아한 자태에서 여유로움도 묻어나고요. 여성성과 모성애를 모두 갖춘 우리 시대 어머니의 모습이 그려집니다.

before	그녀의 무릎 위에는 누가 머물다 갔을까요?
new vision	그녀의 뒤에 편안히 의지하고 있는 건 누구일까요?
after	뒤에 있는 사람들로 만족할까요?

카드 핵심 키워드

정방향	어머니 · 여성적 매력 · 임신과 출산 · 여유로움 · 화목한 가정
역방향	게으름 · 사치와 낭비 · 낙태 · 유산 · 경제적 손실 · 권태기

성격 특성

장점	타인을 잘 돌봐줄 수 있는 사랑이 많은 사람
단점	때론 이기적이고 상대방을 무시하는 성향도 갖고 있어요.

직업 적성

사업가 · 미용업 · 프리랜서 · 주부 · 부동산 종사자

숨바꼭질 타로 상징 찾기

편안한 자세 여유로움과 느긋함 밀 풍요로움 손거울 금성 월계관 승리의 표상 왕관 12개 별자리

실전 사례 적용

사랑 1 결혼하고 싶은 여자래요.

2 연애 따로 결혼 따로 가능해요.

3 사랑에 목숨 거는 스타일이에요.

일 1 돈을 많이 벌어 편하게 살고 싶어요.

2 전업주부가 꿈이에요.

3 현장에 뛰어들지 않고 투자만 할게요.

관계 1 엄마 같은 포용력으로 인기가 많아요.

2 누나처럼 잘 챙겨줘요.

3 화려하고 분위기 있는 장소에서 즐기고 싶어요.

상담 TIP

원인 지나친 허영심이 문제네요.

해결 게으름에서 벗어나시게 될 겁니다.

결과 금전적인 이득으로 보상받을 겁니다.

MEMO

여러분들의 아버지는 어떤 모습이었나요? 당당한 왕좌에 앉아 호령하는 모습이 어울릴 듯한 아버지도 불안과 울고 싶은 마음을 감추고 있을지 모릅니다. 한 나라와 가정을 책임져야 한다는 중압감 때문이겠죠? 지난 세월 수많은 적을 물리치고 나라를 지키기 위한 지덕체를 연마하며 자리를 지켜왔을 겁니다. 모든 아버지들에게 존경을 보냅니다.

before	왕좌에 앉기 전은 어떤 모습일까?
new vision	힘 있어 보이는 황제의 뒷모습도 과연 같은 모습일까?
after	영원히 황제 자리를 지키고 있을까?

카드 핵심 키워드

정방향	권위적인 · 보수적인 · 당당한 카리스마 · 경험 · 인내 · 아버지 · 남편 · 남성적 사고 · 책임감
역방향	다소 폭력적인 · 책임감이 떨어진 상태 · 이빨 빠진 호랑이 · 명예가 훼손된 · 나약한 · 고지식한

성격 특성

장점	책임감이 끝내줘요.
단점	독재적이고 권위적인 성향이 있어요.

직업 적성

모든 직업군의 최고 책임자 · 리더 · 전문 경영인 · 회사 임원 · 사업가

숨바꼭질 타로 상징 찾기

갑옷 기사도 정신, 안전함   물 감춰진 감정   붉은 돌산 개척정신   왕관
권위와 탐욕   회색 왕좌 물질세계

실전 사례 적용

사랑	1 한 번 사랑한 사람은 끝까지 책임지려고 해요.
	2 데이트할 때 주도권은 늘 나야!
	3 아버지 같은 사람을 원해요.
일	1 개척정신으로 무에서 유를 창조해요.
	2 절대 힘들다고 말하지 않아요.
	3 최고의 수장으로 승진해요.
관계	1 오빠가 달려갈게, 기다려.
	2 보수적이고 엄격해요.
	3 무뚝뚝하지만 듬직해요.

상담 TIP

원인	너무 보수적인 게 문제네요.
해결	책임감을 가지고 행동하세요.
결과	권위와 명예가 따라올 겁니다.

MEMO

5 교황 The Hierophant
정신적 멘토와 귀감이 되는 선배

삶에 지쳐 누군가에게 조언을 구하고 싶을 때 우리는 의지될 만한 누군가에게 달려 갔습니다. 언제나 옳고 지혜롭게 조언을 해줬던 그분, 어쩌면 딱히 새로울 것 없던 답일지도 모르지만 그 선배가 이야기를 해 줬다는 이유만으로 해답을 얻었다고 확신하며 발걸음이 가벼워졌습니다. 그분은 인생의 모든 부분에서 선배였으니까요.

before	누가 교황의 머리에 왕관을 씌웠을까?
new vision	회색 기둥의 뒤에는 무엇을 숨겨놨을까?
after	지혜로운 조언은 어디에서 나올까?

카드 핵심 키워드

정방향	전통적인 · 조언자 · 귀감이 되는 · 지혜로운 · 사려 깊은 · 중매자 · 결혼 · 도덕 · 윤리
역방향	종교적 독단 · 비윤리적인 · 타락하고 부패한 · 전통적이지 않은 · 편법을 사용하는

성격 특성

장점	도덕적이고 양심적이에요.
단점	고리타분하고 교과서적이에요.

직업 적성

종교철학 관련 종사자 · 연구원 · 전통을 지키는 모든 직업 · 타로마스터 · 사회사업 · 자선사업가

숨바꼭질 타로 상징 찾기

회색 기둥 평정과 중립   백합과 장미 순수와 사랑   삼중십자가 정신·물질·
신체의 조화, 삼위일체   삼단 왕관 신의 대리인   삼중 지팡이 양치기의
막대기

실전 사례 적용

사랑	1 사랑하면 결혼하는 거야.
	2 동거는 절대 아니야.
	3 연애결혼 no, 결혼정보 업체 소개 yes.
일	1 공들여 결과를 얻는 일을 해보세요.
	2 공무원이 적성에 맞아요.
	3 변화보다는 그냥 유지하는 방식으로…
관계	1 한 번 맺은 우정 영원히~
	2 늘 조언해주는 친구
	3 변함 없는 건 알지만 너무 답답하고 고루해.

상담 TIP

원인	본인 스스로 답을 알고 있네요.
해결	조언자가 되어 주세요.
결과	전통적인 결혼관계를 유지하실 겁니다.

MEMO

6 사랑 The Lovers
사랑이 재산이다

'진정한 사랑'이란 무엇일까요? 영원할 것 같은 아담과 이브도 뱀의 유혹에 무너집니다. 전라의 상태로 육체적 쾌락에 빠지는 사랑은 영원하지 않음을 암시하지요. 서로의 눈을 피하는 모습과 눈을 감은 천사가 말해 주고 있습니다. 보이는 사랑이 다가 아니라는 씁쓸한 현실을 이 두 사람은 받아들이게 될까요?

before	아담과 사랑에 빠지기 전 이브는 어디에 있었을까요?
new vision	에덴 동산은 어떤 모습일까요?
after	선악과를 먹은 아담과 이브를 천사는 어떻게 바라볼까요?

카드 핵심 키워드

정방향	사랑의 시작 · 육체적 쾌락 · 결혼 · 계약 · 동업자 · 좋은 제안 · 새로운 관계 · 낭만적인 사랑
역방향	사랑의 끝 · 사기 · 배신 · 양다리 · 둘 중 하나를 선택해야 하는 상황 · 삼각관계 · 불륜 · 거짓 사랑 · 달콤한 유혹

성격 특성

장점	사람이 재산이라고 생각해요.
단점	사람을 너무 믿어서 탈이에요.

직업 적성

서비스업 · 영업직 · 상담 관련 종사자 · 홍보 · 마케팅 관련 일 · 사회복지

숨바꼭질 타로 상징 찾기

벌거벗은 남녀 태초의 남과 여   높은 산 극복해야 할 사랑의 장애물   뱀
동물적 본능에 대한 유혹   불의 나무 여성과 남성   천사 사랑의 중재인
이자 관찰자

실전 사례 적용

사랑
1 금사빠 스타일이네요.
2 낭만적인 사랑을 하고 있네요.
3 삼각관계일 수 있어요.

일
1 협업이 너무 잘돼요.
2 혼자 하는 일보다는 함께 성과를 내는 일이 좋겠어요.
3 소통 능력이 좋아요.

관계
1 사람을 너무 믿어서 탈이에요.
2 내가 손해 보더라도 다 퍼주는 스타일이네요.
3 사람들 사이에서 인기가 좋아요.

상담 TIP

원인   서로 다른 사람을 바라보고 있어요.
해결   진실된 사랑이 무엇인지 생각해 보세요.
결과   행복한 사랑을 얻게 될 겁니다.

MEMO

7 전차 The Chariot
남성미 물씬 풍기는 만능 스포츠맨

늠름하게 정면을 응시하며 목적지를 향해 달릴 준비를 하고 있는 남자가 보이시나요? 영화 벤허의 경기 장면이 연상됩니다. 어디가 최종 목적지일까요? 두 말의 다리가 엉켜 넘어지지 않게 잘 리드할 수 있을까요? 목적지까지 안전하게 도달하기 위해서는 속도를 조절할 줄 아는 지혜가 필요해 보입니다.

before	마차를 몰려면 어떤 준비가 필요할까?
new vision	두 마리의 말만 데려가고 싶을까?
after	속도를 조절하지 못하면 전차의 운명은?

카드 핵심 키워드

정방향	야심 · 도전정신 · 패기 · 성공을 향한 질주 · 싸움 · 사랑의 쟁취 · 경쟁에서 승리 · 영광
역방향	패배 · 전복 · 능률 저하 · 의욕 상실 · 빼앗김 · 제자리걸음

성격 특성

장점	진취적이고 도전적입니다.
단점	경청과 소통을 어려워해요.

직업 적성

운동선수 · 군인 · 경찰 · 스턴트맨 · 조직 내 참모 역할 · 기획자

숨바꼭질 타로 상징 찾기

젊은 기사 활동성 강한 남성   스핑크스 인생의 수수께끼, 선과 악의 대결   견장 속 달 상현과 하현달, 미완성   날개 달린 태양 해리 포터 속 스니치   갑옷 발전을 위한 무장

실전 사례 적용

사랑	1 맘에 드는 여성이 생기면 내 여자가 될 때까지 고고!
	2 배려 없이 데이트 주도권을 잡아요.
	3 오빠만 믿고 따라와!
일	1 실패는 생각해 본 적이 없어요.
	2 반드시 우리가 이겨야 해요.
	3 빨리빨리! 일은 속도전이야.
관계	1 돌직구 화법 때문에 상대방이 상처를 받기도 해요.
	2 맘에 안 들면 싸워서라도 내 의견을 피력하려 해요.
	3 누구보다 앞장서서 힘든 일을 처리하는 해결사네요.

상담 TIP

원인	앞만 보고 달리고 있어요.
해결	속도를 조절해야 해요.
결과	목적지에 잘 도착할 겁니다.

MEMO

8 힘 The Strength
조용한 카리스마 외유내강 멋진 리더

도대체 어떤 힘이기에 사자가 그녀 앞에 얌전하게 꼬리 내린 채 순종하고 있을까요? 기생충의 봉준호 감독이 생각납니다. 수많은 배우, 스태프들이 감독님이 화를 내는 모습을 본 적이 없다고 했다죠. 화내고 다그치지 않아도 본인의 역량을 최대치로 끌어올려 장점을 부각시키는 힘… 외유내강의 힘이겠지요.

before	꼬리 내리기 전 사자의 모습은?
new vision	부드러운 힘의 근원은?
after	여인과 사자의 영원불멸의 사랑

카드 핵심 키워드

정방향	용기와 인내심 · 도전 · 부드러운 카리스마 · 친절함 · 관대함 · 포용력 있는
역방향	인내력이 부족한 · 무모하고 지배적인 · 참기만 하는 · 자기주장이 강한

성격 특성

장점	다정하고 부드러운 사람이네요.
단점	무모하게 자기주장을 펼치기도 해요.

직업 적성

동물 조련사 · 수의사 · 코치 · 감독 · 상담 관련 종사자

숨바꼭질 타로 상징 찾기

흰옷을 입은 여인 돌봄과 종속   사자 나보다 강한 상대   장미 열정과 사랑   뫼비우스의 띠 영원불멸의 사랑   굽어있는 등 희생과 봉사정신

실전 사례 적용

사랑	1 그냥 그 사람이어서 좋아요.
	2 그 사람을 인정해주고 싶어요.
	3 그 사람의 모든 게 좋아요.
일	1 오래 걸려도 완성할 수 있어요.
	2 꾸준히 하면 성공할 수 있어요.
	3 내 신념을 믿고 추진하세요.
관계	1 상대방 의견을 잘 경청해 주네요.
	2 포용력이 있어 좋아요.
	3 리더십이 탁월한 친구예요.

상담 TIP

원인	너무 참기만 하는 게 문제네요.
해결	인정하고 받아들이세요.
결과	수용하고 포용하게 될 겁니다.

MEMO

9 은둔자 The Hermit
고독을 즐기는 나는 자연인이다

자신만의 세상을 찾아서 등불을 밝히며 보고 싶으나 찾을 수 없겠지요… 파랑새가 자기 집에 있다는 걸 너무 늦게 깨닫지 않기를 바랍니다.

before	등불을 밝히기 전의 모습은?
new vision	현자가 가진 힘의 근원은 어디에서 올까?
after	현자는 끝까지 혼자 있을까?

카드 핵심 키워드

정방향	소신과 신념 · 외골수 · 외로움 · 고독 · 자신만의 세계 추구 · 자연인 · 세속적이지 않은 · 철학적인
역방향	아집을 부리다 · 융통성이 없는 · 히키코모리 · 세속적인 삶을 거부하는 · 현실과 동떨어진

성격 특성

장점	신중하고 자기관리를 잘해요.
단점	외골수이고 고집이 세요.

직업 적성

연구원 · 학자 · 예술가 · 자연인 · 프로그램 개발자 · 종교계 종사자

숨바꼭질 타로 상징 찾기

인물의 자세 본인만의 세상을 바라보는   육각별 다윗의 별, 천국과 현세   설산 외로움과 고립   흰 수염 연륜과 지혜로움   회색 옷 불확실함

실전 사례 적용

사랑   1 짝사랑만 해 봤어요.

2 연애를 책으로 배웠어요.

3 지고지순한 스타일

일   1 조용히 혼자서 연구하는 일이 적성에 맞아요.

2 답을 찾을 때까지 밤새 일할 수 있어요.

3 일을 믿고 맡기면 완벽하게 처리해요.

관계   1 경청을 잘해요.

2 통찰력 있는 조언을 해줘요.

3 회식보다는 등산을 선호해요.

상담 TIP

원인   너무 고집 부리는 게 문제네요.

해결   끝까지 본인의 길을 찾아보세요.

결과   오랫동안 연구한 결과물이 나올 겁니다.

MEMO

10 운명의 수레바퀴 Wheel of Fortune
능동적으로 움직이는 선구자

현재는 지난 어느 시점의 미래이며 미래 어느 시점의 과거입니다. 그 반복되는 일상이 운명입니다. 현재는 하루하루 습관적으로 보내는 무수한 선택의 결과물인 것입니다. 지혜로운 자는 오늘이 행복해야 합니다. 그것이 나의 운명을 결정합니다.

before	우리는 어느 별에서 왔을까요?
new vision	바퀴가 끊임없이 순행만 한다면?
after	바퀴를 거꾸로 돌린다면 어떻게 될까?

카드 핵심 키워드

정방향	오래된 가업 · 반복 · 순행 · 크게 변화가 없는 · 운명적 사랑을 만나는
역방향	예상치 않던 일의 발생 · 변화의 필요 · 지루함에서 탈피

성격 특성

장점	역동적이에요.
단점	지구력이 부족해요.

직업 적성

가업을 이어가는 일 · 활동성이 요구되는 일

숨바꼭질 타로 상징 찾기

수레바퀴 인생의 순환 주기　뱀 운명의 쇠퇴를 상징　스핑크스 인생의 수수께끼, 삶에 대한 물음의 상징　바퀴 속 문자 신의 말씀 TORA　아누비스 이집트 신 자칼, 운명의 상승

실전 사례 적용

사랑	1 운명적인 사랑을 꿈꿔요.
	2 한 번 믿으면 끝까지 믿어요.
	3 연애기간이 길어요.
일	1 지금 하고 있는 일이 만족스러워요.
	2 삼 대째 가업을 이어오고 있어요.
	3 활동적인 일을 좋아해요.
관계	1 오랫동안 관계를 유지하게 됩니다.
	2 너무 똑같아서 재미 없어요.
	3 가끔 이색적인 모습으로 사람들을 놀라게 해요.

상담 TIP

원인	기존의 행동을 바꾸지 않아요.
해결	방법을 바꿔야 합니다.
결과	새로운 터닝 포인트가 생길 거예요.

MEMO

11 정의 Justice
불의를 보면 참지 못하는 정의로운 학생회장

여사제가 신의 세계의 법과 질서를 이야기했다면 인간 세상의 법과 질서를 공정하게 판단하는 정의의 사도 11번 오빠의 매력은 어디에서 뿜어 나오는 것일까요? 공정한 판단의 기준은 인간의 양심이어야 한다는 솔로몬의 지혜가 생각납니다.

before	정의로움은 평화에서 비롯된다.
new vision	누가 진짜 아이의 엄마일까?
after	왕자와 거지

카드 핵심 키워드

정방향　정의로움 · 합리적 판단 · 이성적인 · 공정한 · 옳은 결정 · 친구 사이 · 이혼

역방향　결정내리기 힘든 · 이성적 판단이 흐려지는 · 모호한 판단 · 불성실한 · 사랑과 우정 사이

성격 특성

장점　정확하게 판단하고 빈틈이 없어요.

단점　너무 이성적이어서 인간미가 없어요.

직업 적성

회계사 · 세무사 · 금융업 종사자 · 법조인 · 감평사 · 컴퓨터, 기계 공학 종사자

숨바꼭질 타로 상징 찾기

인물의 자세 정의의 여신과 같은 자세, 하늘과 땅의 연결   천칭 정의로움의 기준   검 판결의 도구   회색 기둥 중립과 평정   왕관 속 보석 제3의 눈, 직관력

실전 사례 적용

사랑	1 일과 사랑, 두 마리 토끼를 잡고 싶어 하네요.
	2 너무 계산적인 사랑을 하고 있어요.
	3 연애에 있어 너무 신중해 속도가 안 날 수 있겠네요.
일	1 공명정대하게 일 처리가 빈틈없어요.
	2 회계금융 파트 전문가답네요.
	3 일을 할 때 균형감을 잃지 않으시네요.
관계	1 너무 이기적일 수 있어요.
	2 give & take가 확실하네요.
	3 중재를 확실하게 해 주시네요.

상담 TIP

원인	지나치게 완벽을 추구해요.
해결	합리적으로 해결하세요.
결과	균형 잡힌 결과물이 나올 겁니다.

MEMO

37

12 매달린 사람 The Hanged Man
봉사 정신이 투철한 선한 사람

왜 굳이 매달려 있을까요? 의식의 발 오른발만 묶인 채 무엇을 하려는 것일까요? 좀 더 고민의 시간이 필요해 보입니다.

before	성찰하기 위해 스스로 매달렸다.
new vision	타인의 시선은 어떨까?
after	나는 괴롭지 않아.

카드 핵심 키워드

정방향	자기성찰 · 심사숙고 · 신중한 · 희생적인 · 상식을 깬 아이디어
역방향	게으름 · 우유부단함 · 잔머리만 굴리는 · 노력 대비 소득이 약한 · 쉽게 결정해 버리는

성격 특성

장점	자기희생이 강하고 늘 마음이 평온해요.
단점	우유부단하고 게으른 경향이 있습니다.

직업 적성

사회복지 종사자 · 예술가 · 심리학자 · 의료인 · 발명가 · 혁명가

숨바꼭질 타로 상징 찾기

매달린 남자 다른 관점으로 세상을 보려는 의지   묶여 있는 오른발 의식의 영역   나무 막다른 길목   후광 정신적 깨달음   묶여 있는 발 휴식에 대한 권고

실전 사례 적용

사랑
1 사랑하는 사람을 위해 희생하고 기다릴 줄 알아요.
2 썸만 타다 끝날 수도 있어요.
3 헌신적인 사랑을 하시네요.

일
1 이타심이 강합니다.
2 사회복지 분야에서 탁월한 역량을 발휘해요.
3 힘들어도 인내하고 견뎌요.

관계
1 양보하고 배려해요.
2 속마음을 잘 드러내지 않아요.
3 의사결정을 쉽게 하지 못해요.

상담 TIP

원인   너무 망설이고 있네요.
해결   고민을 끝내고 결정하세요.
결과   좀 더 신중하게 결정하게 될 것입니다.

MEMO

죽음을 알리는 저승사자와 나를 구해주는 흑기사,
누구를 선택할 것인가요? 선택은 본인의 몫입니다.

before	죽음으로 가는 길
new vision	가는 길에 교황님의 조언을 듣는다면?
after	새로운 태양이 뜬다.

카드 핵심 키워드

정방향	새로운 변화 · 전환점이 되는 사건 · 끝 · 고통스러운 상황 · 한 주기의 종결
역방향	어려운 상황의 지속 · 변화가 두려운 마음 · 견뎌야 하는 상황

성격 특성

장점	남들이 물음표를 던지는 일에 과감히 도전해요.
단점	다소 부정적 시선으로 세상을 바라봐요.

직업 적성

건강 관련 직업 · 종교인 · 장의사 · 장례업 · 방송계 종사자 등 특수분야
전문가

숨바꼭질 타로 상징 찾기

해골 기사 죽음에 대한 의식의 거울　왕관을 벗은 왕 의지의 상실, 무기력　여자와 아이 한 주기의 종결과 새로운 세상의 상징　교황 기사의 마음을 돌리려는 조언자　두 기둥 죽음 뒤 새로운 삶의 문

실전 사례 적용

사랑	1 힘들고 위험한 사랑을 해요.
	2 국경과 인종을 초월한 사랑을 합니다.
	3 나이 차도 상관 없어요.
일	1 혁신적인 일에 도전하네요.
	2 새로운 아이디어가 많아요.
	3 유튜버, BJ, 홈쇼핑 등 방송계 스타들을 발굴합니다.
관계	1 인간관계가 힘들게 끊어져요.
	2 모두가 yes라고 말할 때 no라고 말해요.
	3 불편한 관계도 끊어내지 못하네요.

상담 TIP

원인	부정적인 생각에 사로잡힌 게 문제예요.
해결	과감히 끊어내세요.
결과	새로운 전환점이 생길 겁니다.

MEMO

14 절제 Temperance
현재에 만족하고 범사에 감사하는 사람

그 어떤 것을 봐도 마음의 동요가 일어나지 않는 이유는 내 마음의 만족감이 크기 때문일 것입니다.

before	잔에 물을 받고 있다.
new vision	찬 물과 뜨거운 물이 섞인다면?
after	뜨거운 물만 남는다면?

카드 핵심 키워드

정방향	체제나 조직에 순응하고 따라가는 · 협업이 잘 되는 · 균형과 조화가 중요한 · 의견을 존중하는 · 만족하는
역방향	독자적인 · 조절 능력이 없는 · 소통불가 · 불안정한

성격 특성

장점	겸손하고 예의 발라요.
단점	욕심이 너무 없어요.

직업 적성

중개사 · 결혼 정보 업체 · 일반 관리 직종 · 보험 · 금융 · 자산관리사

숨바꼭질 타로 상징 찾기

물과 땅을 밟고 있는 발 의식과 무의식　붉은 날개 감춰진 열정, 가능성
두 컵의 물 조화와 용　곧게 뻗은 길 삶의 방향과 의지　옷의 사각형과 삼
각형 남성성과 여성성의 합체

실전 사례 적용

사랑　1 지금 내 사랑에 만족하고 행복해요.

　　　2 편안하게 해 주는 사람에게 끌려요.

　　　3 사랑에 목숨 걸지 않아요.

일　　1 리더보다는 참모직이 편해요.

　　　2 개인 사업보다 직장 생활이 편해요.

　　　3 영업보다는 사무직을 선호해요.

관계　1 갈등을 싫어해서 누구와도 잘 지내려 하네요.

　　　2 회장보다는 총무가 좋아요.

　　　3 다툼이 있을 때 중재와 화해를 잘 이끌어내요.

상담 TIP

원인　너무 무관심해요.

해결　움직이지 않는 것이 좋습니다.

결과　만족하게 될 거예요.

MEMO

15 악마 The Devil
성공을 위해 집념을 불태우는 야망가

좀 더 나은 방법을 찾지 못하고 비도덕적인 굴레에 얽히게 되는 상황이나 마음이 있습니다.

before	악마의 유혹에 빠지다.
new vision	악마의 유혹이 여러 개다.
afte	유혹의 사슬이 엉켜 풀기가 어렵다.

카드 핵심 키워드

정방향	과한 욕심 · 집착 · 비도덕적인 일
역방향	비도덕적 욕망에서 빠져나올 생각이 없는 · 욕망의 굴레에서 벗어나는

성격 특성

장점	마음먹은 일은 반드시 성공시킵니다.
단점	다소 편집증적인 성향이 있고 유혹에 약해요.

직업 적성

유흥업 · 사업가 · 카지노 딜러 · 사채업 · 영업 종사자

숨바꼭질 타로 상징 찾기

악마 악의 본성   악마의 뿔 문명화가 덜 됨   박쥐 인생의 어두운 곳에서 일어나는 일   포도와 불꽃 동물적인 원시성   쇠사슬 물질적 굴레

실전 사례 적용

사랑   1 위험한 사랑에 빠져요.

2 사랑과 집착을 구분하지 못하네요.

3 육체적 사랑을 갈구합니다.

일   1 성공에 대한 집착이 강해요.

2 욕심이 많아 수단과 방법을 가리지 않아요.

3 매출 1위가 목표인 사람이네요.

관계   1 소유욕이 강해집니다.

2 질투가 심해요.

3 종종 도덕과 윤리를 무시하기도 해요.

상담 TIP

원인   지나친 집착이 문제예요.

해결   강박적 욕심에서 벗어나야 합니다.

결과   더 잘 되기 위한 욕심을 부리게 될 거예요.

MEMO

16 탑 The Tower
깨지고 깨트리고 변화를 시도하는 사람

성경 속 바벨탑의 저주는 인간의 끝없는 욕망에 대한 징벌이었습니다. 내 욕심을 확인하고 난 후 우리는 겸허해집니다. 그때 비로소 인생을 되돌아보며 점검의 필요성을 느끼게 됩니다.

before	탑의 정상까지 가려고 한다.
new vision	탑이 무너져도 희망을 잃지 않는다.
after	상아탑이 무너진다.

카드 핵심 키워드

정방향	갑작스러운 사건 사고 · 위기 상황 · 이별 · 신념의 변화
역방향	이별할 마음이 없는 · 반복되는 위기 · 버틸 만한 상황

성격 특성

장점	변화를 쉽게 받아들이고 일처리가 빨라요.
단점	쉽게 싫증을 내요.

직업 적성

재건축 사업 · 부동산 · 소방 공무원 · 이동이 많은 직업

숨바꼭질 타로 상징 찾기

탑 고립된 사고와 신념   22개의 불꽃 강림절 또는 파괴   떨어지는 두 사람

추락 또는 비상   왕관 권력과 문명   번개 욕심에 대한 징벌

실전 사례 적용

사랑	1 예상치 못한 이별 통보를 받을 수 있습니다.
	2 반전매력의 소유자예요.
	3 연애 기간 동안 이별과 재회가 반복돼요.
일	1 갑작스러운 인사 발령도 두려움 없이 받아들여요.
	2 직업이 자주 바뀔 수 있습니다.
	3 남들이 기피하는 일도 즐겁게 도전하네요.
관계	1 몸이 멀어지면 마음도 멀어집니다.
	2 새로운 만남을 즐기네요.
	3 먼저 손 내밀어 다가가는 스타일이에요.

상담 TIP

원인	성급히 결론 냈네요.
해결	기존의 신념을 바꾸세요.
결과	전화위복될 것입니다.

MEMO

북두칠성은 판도라 상자처럼 희망의 메시지를 상징 했습니다. 하지만 막연한 희망고문으로 별만 바라보는 것은 아닌지 점검이 필요합니다.

before	의식과 무의식의 준비 완료
new vision	어두운 밤이 되어야 별이 잘 보인다.
after	무의식 속에만 머무르지 말라.

카드 핵심 키워드

정방향	긍정적인 생각 · 목표를 정한 · 인기가 있는
역방향	비현실적인 꿈 · 과도한 바람 · 막연한 희망

성격 특성

장점	창의적이고 긍정적입니다.
단점	너무 이상적이어서 현실성이 떨어지네요.

직업 적성

연예인 · 예술가 · 패션업 종사자 · 디자이너 · 방송인

숨바꼭질 타로 상징 찾기

인물의 자세 **나르시시즘**　팔각별 **순수하고 깨끗한 영혼, 본질**　새 **길을 안내해 주는 아이비스**　물병 **영성적 능력과 감정**　물 위의 발 **무의식**

실전 사례 적용

사랑	1 금방 사랑에 빠지는 스타일이에요.
	2 사랑에 대한 환상이 있네요.
	3 외모에 반해 사랑에 빠질 수 있어요.
일	1 꿈꿔 왔던 일을 하게 됩니다.
	2 화려하게 주목받고 싶어요.
	3 다소 현실감이 떨어지는 일에 매달립니다.
관계	1 사랑과 우정이 영원할 거라 믿어요.
	2 힘들어도 희망을 가집니다.
	3 조직에서 분위기 메이커 역할을 해요.

상담 TIP

원인	화려한 겉모습만 본 게 문제입니다.
해결	꿈을 가져야 해요.
결과	꿈을 실현할 것입니다.

MEMO

18 달 The Moon
감수성과 몽환적인 매력을 가진 신비로운 사람

달빛이 어슴푸레 비추는 밤에는 모든 세상이 불투명하게 보이고 마음도 불안정합니다. 때로는 달빛을 보고 환상에 젖을 때도 있지요. 이것이 달의 매력입니다.

before	달빛이 가재가 가는 길을 비춰준다.
new vision	어둠 속에서 걸어오는 사람은 누구일까?
after	실체가 보이며 안도의 한숨을 내쉰다.

카드 핵심 키워드

정방향	미래가 불투명한 · 유혹 · 우울증
역방향	비밀이 드러난 · 잘못된 만남을 알아차리는 · 손해를 막게 되는

성격 특성

장점	감수성이 발달해서 섬세합니다.
단점	예민해서 자주 불안해하고 생각이 많아요.

직업 적성

점성술사 · 최면술사 · 정신과 의사 · 상담 관련 종사자

숨바꼭질 타로 상징 찾기

달 인간의 무의식, 여성성 두 개의 탑 인생의 마지막 관문 길 삶의 여
정 가재 감정과 본능을 감추고 있는 개 길들여진 늑대 야생적인

실전 사례 적용

사랑 1 비밀스러운 사랑을 해요.

2 주변에 유혹하는 사람이 있어요.

3 신비로운 매력에 빠져듭니다.

일 1 촉을 믿고 일해요.

2 영성적인 일에 재능을 보입니다.

3 일의 진도가 불투명해요.

관계 1 속마음을 솔직하게 드러내지 않네요.

2 감정기복이 심합니다.

3 엄마처럼 잘 챙겨줘요.

상담 TIP

원인 잘 보이지 않아요.

해결 경계의 끈을 놓지 말아야 합니다.

결과 아직은 시기상조예요.

MEMO

19 태양 The Sun
자신감 뿜뿜 희망의 아이콘

우리의 앞날에 태양이 환하게 비춘다면 두려울 것이 없겠죠. 그만큼 단점을 찾기가 힘들 정도로 믿음과 신뢰가 가는 사람입니다.

before	태양의 기운을 받고 태어나다.
new vision	뒷면에도 강하게 비추는 햇살
after	태양이 너무 강렬하게 비추면 아이가 한 명이 아닐 수도 있다.

카드 핵심 키워드

정방향	희망 · 열정적 · 넘치는 자신감
역방향	과도한 자신감 · 의욕 상실 · 희망을 잃은

성격 특성

장점	낙천적이고 늘 생기가 넘쳐요.
단점	의욕만 앞설 때도 있습니다.

직업 적성

사업가 · 유아 교육 · 교육 사업

숨바꼭질 타로 상징 찾기

인물의 자세 순수한 영혼의 소유자 해바라기 풍요와 성공 태양 생명력과 자신감 백마 아이를 인도할 대상 붉은 깃발 아이의 원대한 꿈

실전 사례 적용

사랑
1 신뢰와 믿음으로 사랑을 지켜요.
2 이성에게 솔직하게 다가가네요.
3 모든 이성이 자신을 사랑한다고 믿어요.

일
1 모든 일에 자신감이 넘쳐요.
2 신용을 중요하게 여깁니다.
3 자신감이 지나쳐 오히려 손해를 봐요.

관계
1 존재만으로도 빛이 나요.
2 약속은 반드시 지켜요.
3 선한 영향력을 미치는 사람이네요.

상담 TIP

원인 잘될 거라고 믿습니다.
해결 적극적으로 움직여야 합니다.
결과 이득이 될 거예요.

MEMO

20 심판 Judgement
신세계를 꿈꾸는 야망가

우리가 죽으면 흙으로 돌아간다고 하지요. 그러나 흙 속에 들어가야 할 관이 물 위에 둥둥 떠 있네요. 내 인생의 심판은 내 마음속의 심판이라는 뜻입니다.

before	과연 내 마음속의 심판은?
new vision	어떤 심판을 받을까?
after	결론은 바뀌지 않는다.

카드 핵심 키워드

정방향	확실한 결과 · 새로운 소식 · 결론을 얻는
역방향	불확실한 결말 · 부정적 소식 · 소식을 기다리는

성격 특성

장점	단호하고 확실해요.
단점	한 번 결정한 건 좀처럼 바꾸지 않습니다.

직업 적성

방송계 종사자 · 첨단 산업 · 생명 공학 · 언론인

숨바꼭질 타로 상징 찾기

인물의 자세 작별을 고하는 상태와 기다림   붉은 십자가 화합과 결합
벌거벗은 모습 진실을 직시하라는 메시지   물 위의 관 감정적인 죽음
여섯 명의 사람들 우리 안의 남성성과 여성성, 내면의 아이

실전 사례 적용

사랑	1 기다렸던 프러포즈를 받게 됩니다.
	2 사랑이 변하지 않을 거라고 확신해요.
	3 고백을 합니다.
일	1 오랜 프로젝트가 마무리될 거예요.
	2 일의 결과를 기다려요.
	3 특허, 문서 등의 합격 소식을 듣게 돼요.
관계	1 확실한 관계를 원하네요.
	2 한 번 결정한 파트너는 바꾸지 않아요.
	3 자신의 신념을 꺾지 않아요.

상담 TIP

원인	요행을 바라네요.
해결	결과가 나왔으면 겸허히 받아들여야 해요.
결과	노력한 만큼의 대가를 얻게 됩니다.

MEMO

우리는 모두 태어나고 죽을 때 아무것도 걸치지 않은 전라의 모습입니다. 내 인생의 마침표를 찍는 순간… 아름답게 살다가 새로운 인생으로 윤회하겠지요.

before	새로 태어나기 위한 과정이 있다면?
new vision	죽음 뒷면의 모습은?
after	새로운 창조가 시작된다.

카드 핵심 키워드

정방향	행복한 결말 · 새로운 시작 · 좋은 마무리
역방향	아쉬운 결말 · 좌절 · 아쉬운 종결

성격 특성

장점	스케일이 커요.
단점	일을 너무 크게 벌이는 경향이 있어요.

직업 적성

국제 무역 종사자 · 외교관 · 사업가 · 외국계 회사 · 통역관 · 국제 기구 종사자

숨바꼭질 타로 상징 찾기

인물의 자세 종결이자 시작   보라색 술 진화, DNA   지팡이 4원소를 창조
하는 도구, 나와 너의 합체   붉은 리본 무한한 힘, 영원성   초록색 화환
한정된 공간 속 성공과 사랑

실전 사례 적용

사랑	1 새로운 사랑이 찾아옵니다.
	2 여행을 가서 사랑에 빠질 수 있어요.
	3 장거리 연애도 개의치 않아요.
일	1 국제무대에서 꿈을 펼치게 돼요.
	2 무역이나 영업 분야에서 역량을 발휘합니다.
	3 새로운 일을 시작합니다.
관계	1 연인과 헤어지게 됩니다.
	2 헤어진 연인과 다시 재회해요.
	3 갈등관계가 종결돼요.

상담 TIP

원인	너무 크게 일을 벌여요.
해결	주변에 도움을 요청하세요.
결과	내 인생의 무대를 펼치게 됩니다.

MEMO

마이너 아르카나(Minor Arcana)

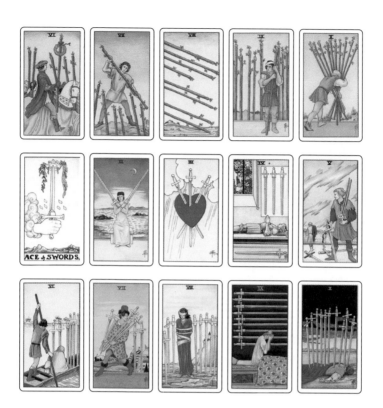

　‘작음’을 뜻하는 라틴어의 미노르minor에서 유래했으며, ‘큼’을 뜻하는 major의 반대어이다. 총 56장으로 이루어져 우리 삶의 소소하고 세밀한 비밀들을 상징한다. 트럼프 기호의 기원이 되기도 한 물, 불, 흙, 공기를 상징하는 슈트별로 각 14장으로 이루어져 있다. 마이너 카드는 숫자가 중요한 해석의 포인트가 된다.

지(地)	Pentacles 1~10번 + 인물카드 4장(소년, 기사, 여왕, 왕)
수(水)	Cups 1~10번 + 인물카드 4장(소년, 기사, 여왕, 왕)
화(火)	Wands 1~10번 + 인물카드 4장(소년, 기사, 여왕, 왕)
풍(風)	Swords 1~10번 + 인물카드 4장(소년, 기사, 여왕, 왕)

before 한 손으로는 지킬 수 없다.

after 손바닥에 올라앉은 풍뎅이

숨바꼭질 타로 핵심 찾기

움켜쥔 손   안전에 대한 의지와 물질욕
초록색 정원   안전함과 편안함의 삶을 추구

카드 핵심 키워드

정방향   안전함 · 보호 · 결혼
역방향   보호받지 못함 · 불안정한

상담 TIP

원인   움직이질 않네요.

해결   지켜야 합니다.

결과   안전할 것입니다.

MEMO

Ace of Cups
창조적인 에너지 · 잠재력 · 새로운 시작

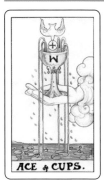

before   컵 속에서 튀어나오는 물고기

after   컵 위의 비둘기가 날아가 버리면?

숨바꼭질 타로 핵심 찾기

비둘기	평화 · 사랑 · 지혜
컵을 받친 손	모든 희로애락을 솔직히 표현

카드 핵심 키워드

정방향	사랑 · 포용 · 확장
역방향	과도한 사랑과 배려

상담 TIP

원인	사랑이 넘쳐 흘러요.
해결	지나친 애정은 조절이 필요합니다.
결과	사랑과 행복감이 충만해질 거예요.

MEMO

Ace of Wands
창조적인 에너지 · 잠재력 · 새로운 시작

before 지팡이를 잡으려는 손
after   지팡이를 땅에 꽂다.

숨바꼭질 타로 핵심 찾기

지팡이   남근 · 열정적 삶의 불꽃
엄지를 세운 손   최고가 되고 싶은 욕망

카드 핵심 키워드

정방향   일의 시작 · 넘치는 열정
역방향   과한 열정 · 열정이 식음

상담 TIP

원인   진취적이에요.
해결   새로이 시작해야 합니다.
결과   수익을 얻게 될 거예요.

MEMO

Ace of Swords
창조적인 에너지 · 잠재력 · 새로운 시작

before   왕관을 얻기 위한 칼의 노력

after   왕관을 얻기 위해 독수리의 냉철함을 이용하다.

숨바꼭질 타로 핵심 찾기

손등을 보이고 있는 손   감정을 쉽게 보이지 않는 신중함

파란빛과 흰빛의 검   양날의 검

카드 핵심 키워드

정방향   옳은 판단 · 결정 · 선택

역방향   오판 · 성급한 선택

상담 TIP

원인   무모한 결정을 내리네요.

해결   중요한 결정을 해야 합니다.

결과   역경 속에서 힘을 발휘하게 됩니다.

MEMO

Pentacles 2

여성성 · 조화와 균형 · 대립 관계 · 타협과 수용

before 두 개의 펜타클을 가지려고 팔을 들어 올린다.

after 파도를 헤치고 안전하게 항구에 정착한 배

숨바꼭질 타로 핵심 찾기

뾰족한 붉은 모자 커다란 욕망

뫼비우스의 띠 균형과 순환

카드 핵심 키워드

정방향 양다리 · 투잡

역방향 어설픈 양다리 · 균형을 잡지 못하고 흔들림

상담 TIP

원인 두 개를 모두 가지고 싶어 하네요.

해결 균형을 유지해야 합니다.

결과 두 가지 모두 취득하게 될 것입니다.

MEMO

Cup 2

여성성 · 조화와 균형 · 대립 관계 · 타협과 수용

before 한 쌍의 남녀가 서로를 바라본다.

after 서로를 포옹한다.

숨바꼭질 타로 핵심 찾기

날개 달린 사자   열정

헤르메스 지팡이   사랑과 지성의 연결

카드 핵심 키워드

정방향   사랑 · 움직이는 마음 · 여행을 떠남

역방향   지나치게 감정적 · 사랑이라는 이름의 구속

상담 TIP

원인   화합합니다.

해결   진심이 통하는 교감이 필요합니다.

결과   좋은 인연이 시작될 거예요.

MEMO

여성성 · 조화와 균형 · 대립 관계 · 타협과 수용

before 소년이 지구본을 들고 있다.

after 지구본을 여성과 함께 든다.

숨바꼭질 타로 핵심 찾기

두 개의 지팡이   두 가지 일 · 사랑하는 두 사람

십자가, 백합과 장미   연금술 · 창조에너지

카드 핵심 키워드

정방향   두 가지 일의 계획 · 원대한 계획 설계

역방향   중요하지 않은 계획 설계 · 불필요한 일에 에너지를 쏟으려 함

상담 TIP

원인   한 가지로는 만족을 못 하네요.

해결   원대한 목표를 설정하세요.

결과   이상적인 목표를 세우게 됩니다.

MEMO

before 두 개의 검을 땅에 꽂고 두건으로 눈을 가린다.

after 두 남자 중 한 명만이 여성의 눈가리개를 벗길 수 있다.

숨바꼭질 타로 핵심 찾기

초승달 꿈꾸는 삶을 살기 위한 직관력

눈을 가린 두건 제3의 눈

카드 핵심 키워드

정방향 선택의 기로

역방향 결정권의 부재

상담 TIP

원인 무모한 결정을 내립니다.

해결 신중히 결정해야 해요.

결과 역경 속에서 힘을 발휘하게 됩니다.

MEMO

before   설계 도면을 그리다.

after   작은 조각상을 완성하다.

숨바꼭질 타로 핵심 찾기

검은색 팬터클   숨겨진 재능과 물질

검은 지하공간   재능·물질·가치에 대한 기반

카드 핵심 키워드

정방향   화합 · 동업 · 작은 규모의 사업

역방향   동업 관계가 깨짐 · 적은 소득 · 짧은 연애

상담 TIP

원인   동업이 문제입니다.

해결   숙련된 기술이 필요해요.

결과   결과물을 만들어낼 것입니다.

MEMO

Cups 3

최초의 완전수 · 창조와 탄생 · 성장과 확장 · 자기표현과 상상력

before 서로의 컵에 포도주를 부어 주고 있다.

after 서로의 허리를 감싸며 신나게 춤을 춘다.

숨바꼭질 타로 핵심 찾기

들어 올린 컵 공동체 의식과 즐거움

세 명의 여인 몸·마음·영혼의 삼위일체

카드 핵심 키워드

정방향 소모임 · 돈독한 우정 · 오락을 즐김

역방향 우정이 깨짐 · 지나친 쾌락 추구 · 역량 부족

상담 TIP

원인 위안받으려고만 하네요.

해결 화해와 타협이 필요합니다.

결과 행복과 성취감을 맛보게 될 거예요.

MEMO

before 출발하라는 메시지를 전하는 새

after 새를 날려 보내고 새로운 꿈을 꾼다.

숨바꼭질 타로 핵심 찾기

뒤로 한 두 개의 지팡이 장애물 극복

황금빛 바다 미래에 대한 밝은 비전

카드 핵심 키워드

정방향 작은 성공 · 성취 · 세 가지 일을 함

역방향 의미의 퇴색 · 불필요한 일을 함

상담 TIP

원인 아직은 시야가 좁아요.

해결 더 큰 그림을 그려야 합니다.

결과 작지만 중요한 일을 성취하게 될 거예요.

MEMO

before   세 개의 검이 심장을 향해 날아온다.

after   상처를 꽁꽁 동여맨다.

숨바꼭질 타로 핵심 찾기

세 개의 검   옳은 선택을 위한 세 가지 관점

구름   무의식과 몽상 · 불확실한 상황

카드 핵심 키워드

정방향   이별 · 스트레스 · 상처받음

역방향   과한 스트레스 · 이별의 상처가 커짐

상담 TIP

원인   감정적 대립 상황입니다.

해결   슬픔에서 벗어나야 합니다.

결과   스트레스를 받게 돼요.

MEMO

before   세 명의 남자가 펜타클을 헌납한다.

after   네 개를 모두 움켜쥐기가 쉽지 않다.

숨바꼭질 타로 핵심 찾기

꽃과 과일들   지상낙원 · 최상의 즐거움 · 행복

커다란 성   안전함과 견고함 · 보호

카드 핵심 키워드

정방향   안전 · 보호

역방향   서서히 불안정해짐 · 움켜쥐려다 놓치게 됨

상담 TIP

원인   구두쇠네요.

해결   베풀어야 합니다.

결과   안전하게 지킬 것입니다.

MEMO

before 컵에 든 물을 마신다.

after 컵 속에 남은 물을 버린다.

숨바꼭질 타로 핵심 찾기

구름 속에서 뻗은 손   상상과 허상 속의 손

팔짱을 끼고 있는 모습   마음의 문을 열지 못하는 배타적 상태

카드 핵심 키워드

정방향   혐오 · 새로운 사람을 밀어냄

역방향   극도의 혐오감 · 배타적 · 경청 불가

상담 TIP

원인   감정 조절이 안 됩니다.

해결   다양성을 받아들여야 해요.

결과   정체기가 지속됩니다.

MEMO

before 마차를 타고 성 안으로 들어간다.

after 축제를 끝내고 돌아간다.

숨바꼭질 타로 핵심 찾기

꽃과 과일들   지상낙원 · 최상의 즐거움 · 행복

커다란 성   안전함과 견고함 · 보호

카드 핵심 키워드

정방향   결혼 · 성취 · 사건이나 일의 해결

역방향   해결이 지연됨 · 계획이 틀어짐

상담 TIP

원인   과도한 기대가 문제예요.

해결   결과물을 만들어야 합니다.

결과   보상을 받게 될 거예요.

MEMO

before 창틈으로 나비가 날아 들어온다.

after 하얀색 꽃을 건네려는 어머니

숨바꼭질 타로 핵심 찾기

누워있는 인물   평화와 명상 · 휴식 · 긴장 상태

내리 꽂히는 칼   정신적 스트레스

카드 핵심 키워드

정방향   정지 · 휴식을 취함 · 성찰

역방향   장기간 휴식 · 고독 · 후퇴를 결정함

상담 TIP

원인   의지가 없어요.

해결   성찰의 시간이 필요합니다.

결과   건강이 회복될 것입니다.

MEMO

before 불 꺼진 창을 강아지가 바라보고 있다.

after   눈이 많이 쌓여 고드름이 된다.

숨바꼭질 타로 핵심 찾기

눈 먼 사람, 다리 저는 사람   도움이 필요한 상황, 협력 관계

목발   문제의 해결책, 도움의 손길

카드 핵심 키워드

정방향   금전운이 좋지 않음 · 실패 · 상처만 남은 상태

역방향   실수를 만회하려 함 · 잘 되지 않는 상처 치유 · 점점 더 나빠지는 금전운

상담 TIP

원인   경제적, 심적으로 힘들어져요.

해결   함께해야 이겨낼 수 있습니다.

결과   물질적으로도 감정적으로도 고통스럽습니다.

MEMO

before 한 개의 컵이 넘어져 물이 쏟아지고 있다.

after 남은 두 개의 컵이 쓰러질까 염려하는 모습

숨바꼭질 타로 핵심 찾기

쓰러진 3개의 컵 과거의 슬픈 감정들

남은 2개의 컵 기대심리와 소망

카드 핵심 키워드

정방향 실망 · 후회

역방향 지나치게 감정적 · 진실되지 못한 사랑 · 집착

상담 TIP

원인 기대심리가 너무 커요.

해결 마음을 비우세요.

결과 실망하게 될 겁니다.

MEMO

before 자신에게 필요한 지팡이를 고르고 있다.

after   잠시 앉아서 쉬는 시간을 갖는다.

숨바꼭질 타로 핵심 찾기

다양한 색상의 옷   각양각색의 사람들

시선이 엇갈린 청년들   힘겨루기, 갈등

카드 핵심 키워드

정방향   갈등 · 자신의 입장만 표명함 · 타협 불가

역방향   끝나지 않는 갈등 · 사건을 잠시 묻어둠 · 타협

상담 TIP

원인   자신의 주장을 굽히지 않아요.

해결   원만히 타협해야 합니다.

결과   갈등 상황이 지속돼요.

MEMO

Swords 5
혼돈과 혼란 · 다양성의 변화 · 혁명과 진보 · 남성과 여성 인간의 수

before   세 명의 남자가 서로에게 칼을 겨누고 있다.

after   승리의 칼을 높이 들고 하늘을 바라본다.

숨바꼭질 타로 핵심 찾기

흩어지는 구름   패배가 암시되는 상황, 불운의 기운

시선이 다른 세 사람   각자의 이상에만 관심을 가짐

카드 핵심 키워드

정방향   경쟁 상황 · 경쟁에서 밀림 · 망신 당함

역방향   의미 없는 경쟁 상대 · 패배 모면 · 신중할 필요가 있음

상담 TIP

원인   이기려고만 합니다.

해결   무리한 도전을 피해야 돼요.

결과   패배를 인정하게 됩니다.

MEMO

before 두 명의 걸인이 상인에게 다가온다.

after   노파에게 동전을 나눠준다.

숨바꼭질 타로 핵심 찾기

저울   합리적 선택과 균형

상인과 걸인   개인의 강점과 약점

카드 핵심 키워드

정방향   공평한 일처리 · give & take · 더 많이 가지려고 함

역방향   자선사업 · 손해를 봄 · 만족을 모름

상담 TIP

원인   공정하기를 바랍니다.

해결   균형 있게 나누어야 합니다.

결과   더 많이 갖고 싶어합니다.

MEMO

Cups 6
두 번째 완전수 · 다 같이 이루어낸 결과물 · 결혼과 가정 · 책임감과 공동체

before 흰 꽃을 컵에 심고 있다.

after 돌아가신 조부모를 그리워한다.

숨바꼭질 타로 핵심 찾기

어린 아이들 과거 어린 시절 우리의 모습

뒷모습의 남자 어린 시절의 경험과 지나간 사랑

카드 핵심 키워드

정방향 추억 · 회상 · 그리운 첫사랑

역방향 과거를 돌이켜봄 · 과거에 연연함 · 현실 부정

상담 TIP

원인 과거에만 살고 있어요.

해결 현실 세계를 인정해야 합니다.

결과 향수에 젖을 것입니다.

MEMO

Wands 6
두 번째 완전수 · 다 같이 이루어낸 결과물 · 결혼과 가정 · 책임감과 공동체

before 월계관을 씌워주고 있다.

after 한 여성에게도 월계관을 씌워준다.

숨바꼭질 타로 핵심 찾기

막대에 걸린 월계관 남성성과 여성성의 결합

주변 인물 협업과 참여 의지

카드 핵심 키워드

정방향 승리 · 정복 · 긍정적 결과

역방향 패배 · 헛된 노력 · 협업하지 못함

상담 TIP

원인 같은 배를 탔습니다.

해결 원원해야 합니다.

결과 성공을 나눌 거예요.

MEMO

before   뱃사공이 아이와 여성을 배에 태운다.

after   4자루의 칼만 들고 배에서 내린다.

숨바꼭질 타로 핵심 찾기

흐르는 물과 잔잔한 물   과거와 현재

남자, 여자, 어린아이   내면의 남성성과 여성성, 내면의 아이

카드 핵심 키워드

정방향   순행 · 더 나은 곳으로의 이동 · 근심에서 벗어남

역방향   정체기 · 부정적인 상황의 지속

상담 TIP

원인   슬럼프에 빠집니다.

해결   걱정과 근심을 내려놓아야 해요.

결과   서서히 좋아질 것입니다.

MEMO

Pentacles 7
한 주기의 완성 · 완벽주의 · 외로움과 고독 · 미성숙

before   땅 속에서 펜타클을 수확하려 한다.

after   수확한 한 개의 펜타클을 들고 만족하며 떠난다.

숨바꼭질 타로 핵심 찾기

괭이   새로운 탐색을 위한 도구

색이 다른 신발   서로 다른 관점

카드 핵심 키워드

정방향   남의 것을 탐함 · 노력하지 않음 · 선뜻 나서지 못함

역방향   쉽게 포기함 · 작은 성장 가능성 · 가진 것에만 만족함

상담 TIP

원인   노력하지 않고 얻으려 해요.

해결   바라보지만 말고 움직여야 합니다.

결과   남의 떡이 커 보이네요.

MEMO

한 주기의 완성 · 완벽주의 · 외로움과 고독 · 미성숙

before   7개의 컵을 등지고 두 눈을 손으로 가린다.

after   7개의 컵 중 하나를 선택하고 만족한다.

숨바꼭질 타로 핵심 찾기

곱슬머리 조각상   영원한 젊음의 상징, 나르시시즘

보석   물질의 값어치, 부정한 돈

카드 핵심 키워드

정방향   환상에 빠짐 · 복잡한 감정 · 현실감이 떨어짐

역방향   착각 · 환상이 깨짐

상담 TIP

원인   현실과 이상을 구분하지 못합니다.

해결   안 좋은 상상에서 빠져나와야 해요.

결과   실체가 없는 상상만 합니다.

MEMO

Wands 7
한 주기의 완성 · 완벽주의 · 외로움과 고독 · 미성숙

before 언덕 위에서 땅에 꽂힌 막대기 앞에 두 손을 모으고 앉는다.

after 싸우기 위해 아래로 뛰어내린다.

숨바꼭질 타로 핵심 찾기

짝이 다른 두 신발 서로 다른 환경, 개척 전의 자연과 문명

언덕 안전한 장소, 우월감

카드 핵심 키워드

정방향 힘든 경쟁 · 싸움 · 방어

역방향 방어력의 부족 · 경쟁 포기 · 의미 없는 경쟁

상담 TIP

원인 자기 주장만 내세웁니다.

해결 타협이 필요합니다.

결과 이권 다툼이 있을 거예요.

MEMO

Swords 7
한 주기의 완성 · 완벽주의 · 외로움과 고독 · 미성숙

before   막사에 묶여 있는 칼을 조심스레 돌어낸다.

after   도망치다가 덫에 걸린다.

숨바꼭질 타로 핵심 찾기

뒤를 돌아보는 자세   갈등과 무의식, 자신 없음
발끝으로 걷는 모습   조심스러움, 신중함

카드 핵심 키워드

정방향   계획했던 일의 실행 · 투자 · 위험을 무릅쓴 도전
역방향   계획에 차질이 생김 · 자신감의 하락 · 도전할 가치가 적음

상담 TIP

원인   위험이 도사리고 있습니다.

해결   도전해볼 만한 가치가 있어요.

결과   리스크를 감수하게 됩니다.

MEMO

Pentacles 8
재생 · 힘의 균형 · 조직화

before 펜타클을 기둥에 붙인다.

after 좀 더 업그레이드된 펜타클을 만들어본다.

숨바꼭질 타로 핵심 찾기

망치와 끌 자신의 능력과 가치

펜타클이 있는 기둥 하늘과 땅의 연결, 초지일관 반복됨

카드 핵심 키워드

정방향 부지런함 · 노력 · 새로운 기술과 지식을 배움

역방향 배우려는 의지가 없음 · 더딘 속도 · 노력하지 않음

상담 TIP

원인 현재에 만족하지 못하네요.

해결 좀 더 나은 미래를 위해 지식을 연마하세요.

결과 새롭게 발전할 것입니다.

MEMO

Cups 8
재생 · 힘의 균형 · 조직화

before   8개의 잔 중 하나를 들어 올려 물을 마신다.

after   아름다운 여성이 그가 남기고 간 잔을 바라본다.

숨바꼭질 타로 핵심 찾기

산   장애물과 최고의 경험

해와 달   상호 보완, 의식과 무의식의 합일

카드 핵심 키워드

정방향   과거를 버리고 떠남 · 후회 · 이별 선언 · 계획을 포기함

역방향   버리지 못하는 과거 · 새롭게 시작해야 함 · 좌불안석

상담 TIP

원인   감정 조절이 안 됩니다.

해결   새로운 마음가짐을 가져야 해요.

결과   상황이 원치 않는 방향으로 전개됩니다.

MEMO

before 영원불멸의 상징 도마뱀이 구름 가까이 다가온다.

after 지팡이의 반대 방향에서 천사가 제지하고 있다.

숨바꼭질 타로 핵심 찾기

막대기의 방향   목표를 향한 움직임

넓은 들판의 성   해야 할 일이 많음, 목표 지점

카드 핵심 키워드

정방향   빠른 움직임 · 신속한 결정 · 일회성 연애

역방향   더딘 진행 속도 · 제자리 걸음 · 계획의 지연

상담 TIP

원인   너무 성급합니다.

해결   좀 더 적극적으로 문제를 해결해야 합니다.

결과   빠른 속도로 일이 진행될 겁니다.

MEMO

before   끈에 묶인 채 8개의 칼 사이로 들어온다.

after   한 남성이 와서 끈을 풀어주고 있다.

숨바꼭질 타로 핵심 찾기

묶인 팔다리   고립되고 난처한 상황

성   세상과의 단절, 고립, 차단

카드 핵심 키워드

정방향   새로운 마음가짐의 필요 · 묶임 · 위기 상황에 처함

역방향   위기에서 벗어남 · 스스로를 옥죔 · 잘못된 신념에 사로잡힘

상담 TIP

원인   새로운 선택을 고려하지 않아요.

해결   현실을 정확하게 바라보세요.

결과   신념대로 행동할 것입니다.

MEMO

before 길들여진 새가 여성에게로 날아온다.

after 새도 장갑도 모두 놓친다.

숨바꼭질 타로 핵심 찾기

포도 오랜 노력의 결실, 성공, 결과물

꽃무늬 옷 아름다움, 자아도취, 다재다능

카드 핵심 키워드

정방향 풍요로움 · 재능이 많음

역방향 사치와 낭비 · 가진 것의 소중함이 퇴색됨

상담 TIP

원인 너무 넘치는 게 문제예요.

해결 재능을 발휘하세요.

결과 넉넉함과 여유로움이 생길 겁니다.

MEMO

before 9개의 컵에 물이 담겨 있다.

after 접시에 가득 담긴 음식으로 식사를 한다.

숨바꼭질 타로 핵심 찾기

팔짱 준비와 자신감

넓게 벌린 발 솔직함, 대범함, 힘의 과시

카드 핵심 키워드

정방향 감정적으로 든든함 · 새로운 일을 해 보려는 마음

역방향 주변에 믿고 맡길 사람이 없음 · 믿음의 부재

상담 TIP

원인 사람을 너무 믿는 게 문제입니다.

해결 도움을 주는 사람을 찾으세요.

결과 든든한 조력자가 많아질 겁니다.

MEMO

before 곰이 울타리 안으로 들어 오려고 한다.

after   지팡이에 의지하고 있는 또 한 명의 적군이 있다.

숨바꼭질 타로 핵심 찾기

머리에 감은 붕대   잘못된 생각, 인지하고 있음

회색의 땅   중립, 무관심, 평정심

카드 핵심 키워드

정방향   지침 · 방어 · 울타리를 침

역방향   방어할 힘이 없어짐 · 최선을 다했지만 더 지쳐버림

상담 TIP

원인   지쳐 있어요.

해결   움직이세요.

결과   휴식을 취하게 될 것입니다.

MEMO

Swords 9
세 번째 완전수 · 영성적인 수 · 완성 전 기초 단계

before 침대에 누워 있으나 편치 못하다.

after 칼을 뽑아 환상 속 괴물과 싸우기 시작한다.

숨바꼭질 타로 핵심 찾기

장미 진실된 내적 자아, 아름다움

얼굴을 가린 손 새로운 통찰력, 두려움

카드 핵심 키워드

정방향 불면증 · 걱정이 많음

역방향 지나친 걱정과 불안으로 안정감을 못 느낌

상담 TIP

원인 심각하게 고민하고 있네요.

해결 단순하게 생각하세요.

결과 걱정과 근심이 많아집니다.

MEMO

before   강아지를 안고 있는 할아버지와 아이를 안고 있는 엄마

after   강아지와 아이만 남아 있는 가족

숨바꼭질 타로 핵심 찾기

남자의 지팡이   목표 달성

다른 곳을 바라보는 여러 세대   감정 소통이 되지 않는 가족

카드 핵심 키워드

정방향   물질적 풍요 · 경제적 여유가 있는 가족 · 결혼

역방향   물질로 인한 갈등이 드러남 · 가족이 와해됨

상담 TIP

원인   경제적 여유가 있습니다.

해결   마음을 소통하는 법을 배워야 합니다.

결과   물질적 여유로움을 얻게 될 거예요.

MEMO

before 가족 모두 손을 잡고 비를 피하기 위해 달리고 있다.

after 따뜻한 모닥불에 가족 모두 둘러앉아 있다.

숨바꼭질 타로 핵심 찾기

무지개에 걸린 컵 손에 잡히지 않는 현실, 과장된 감정

두 쌍의 인물 어른과 아이의 상호작용, 파트너십

카드 핵심 키워드

정방향 충만감 · 행복의 완성 · 끈끈한 가족 · 결혼

역방향 틀 안에 갇힘 · 한마음이길 강요하는 가족 · 지나치게 감정적
인 가족

상담 TIP

원인 모두가 한마음이길 바라네요.

해결 가족 같은 마음으로 바라보세요.

결과 행복한 일이 가득할 겁니다.

MEMO

before   지팡이 10개를 모두 사들인다.

after   모두 놓치고 오직 한 개의 지팡이에 의지한 채 앉아있다.

숨바꼭질 타로 핵심 찾기

기울어진 뒷모습   버거움, 과부하

묶여 있는 지팡이   각기 다른 에너지와 감당해야 할 일

카드 핵심 키워드

정방향   감당하기 힘든 일 · 육체적 피로 · 장거리 연애

역방향   지팡이를 모두 내려놓고 홀가분해짐 · 더욱더 감당하기 힘들어짐

상담 TIP

원인   혼자 다 끌어안으려 하네요.

해결   분담하는 법을 배워야 해요.

결과   감당하기 힘들어집니다.

MEMO

before　10명의 적군이 수풀에 숨어있다.

after　편안한 죽음 뒤에 태양이 떠오른다.

숨바꼭질 타로 핵심 찾기

물가　생명의 물

일출　새로운 태양

카드 핵심 키워드

정방향　극도의 스트레스

역방향　이 또한 지나가리라

상담 TIP

원인　정신적 스트레스가 너무 심해요.

해결　새로운 희망이 시작됩니다.

결과　힘든 시기가 좀 더 지속될 것입니다.

MEMO

마이너 아르카나 인물 카드

각 원소별 4명의 인물카드는 16가지 다양한 성격특성과 인간관계를 상징한다. 각 원소별로 소년·기사·여왕·왕으로 구성되어 있으며 내담자의 삶 속에 등장하는 본인의 다양한 페르소나이거나 가족 구성원, 직장 동료, 친인척 또는 동경하는 사람일 수도 있으며 조언자의 모습으로도 나타날 수 있다.

소년	미숙한 · 순수한 · 청소년기 · 사회 초년생 · 밝고 명랑한 · 천진난만 · 생기발랄
기사	청년기 · 실무자 · 활동성 있는 · 추진력 · 적극성 · 혈기 넘치는
여왕	중장년기 여성들 · 어머니 · 다양한 여성성 · 포용력 · 부드러운 리더십
왕	중장년기 남성들 · 아버지 · 다양한 남성성 · 책임감 · 카리스마

PAGE of PENTACLES

before   해바라기가 핀 들판에서 펜타클을 찾아본다.

after   요정에게 펜타클을 건넨다.

숨바꼭질 타로 핵심 찾기

넓은 초록 들판   개척해야 할 목표 · 성장 가능성

초록색 옷과 빨간 모자   성장 가능성과 열정

카드 핵심 키워드

정방향   공부 · 새롭게 발전시킴 · 경제적 자립 준비

역방향   중도 포기 · 경제 관념 부족 · 끈기 부족

상담 TIP

원인   경제 관념이 없네요.

해결   좀 더 준비하고 시작해야 합니다.

결과   성장하게 될 것입니다.

MEMO

before 비둘기가 물고기를 컵에 떨어뜨린다.

after 컵 속에 들어있는 물고기를 놓친다.

숨바꼭질 타로 핵심 찾기

컵 속의 물고기	의존적 · 보호받고 싶음 · 행복함
백합이 그려진 옷	순수함 · 나약함

카드 핵심 키워드

정방향	낭만적 · 풍부한 감수성 · 뛰어난 상상력
역방향	감정적으로 여림 · 착하고 무름 · 우유부단

상담 TIP

원인	NO라고 말하지 못해요.
해결	감정 표현을 정확히 해야 합니다.
결과	사랑받는 사람이 될 거예요.

MEMO

before 관심 있는 물건을 발견한다.
after 실망하고 돌아선다.

숨바꼭질 타로 핵심 찾기

3개의 피라미드	성장 가능성 · 정복 대상
키보다 큰 지팡이	미성숙 · 젊음

카드 핵심 키워드

정방향	왕성한 호기심 · 충동적 · 넘치는 활기
역방향	시작과 끝의 경계가 모호함 · 의욕이 쉽게 꺾임

상담 TIP

원인	계획 없이 도전만 합니다.
해결	모험을 시작해도 좋아요.
결과	연락이 오거나 움직이게 됩니다.

MEMO

before 자신감을 가지고 선택하려고 한다.

after 성급하게 판단한 걸을 씁쓸히 바라본다.

숨바꼭질 타로 핵심 찾기

잘린 검 무엇을 결정하려 하는지 본인도 모름

무리지어 가는 새들 산만함 · 집중력 부족

카드 핵심 키워드

정방향 넘치는 자신감 · 결정권을 쥐고 싶어함 · 영리함

역방향 조심성 부족 · 실수를 인정하지 않음 · 경계함

상담 TIP

원인 자만심이 문제예요.

해결 신중함과 분석이 필요합니다.

결과 아직은 미숙한 판단을 내립니다.

MEMO

KNIGHT of PENTACLES

before 나무에 걸려 있는 펜타클을 발견한다.

after 펜타클을 자랑스럽게 바라본다.

숨바꼭질 타로 핵심 찾기

투구에 난 풀   오랜 의지와 안정 욕구

장갑과 안장 깔개   안전에 대한 대비

카드 핵심 키워드

정방향   성실함 · 믿음이 감 · 책임감이 강함

역방향   참을성 부족 · 믿음이 약해짐 · 역량 부족

상담 TIP

원인   움직이지 않네요.

해결   마음을 열고 다가서야 해요.

결과   안정적 기반을 유지합니다.

MEMO

KNIGHT of CUPS

before 마음에 드는 여성에게 잔을 내민다.

after 컵에 담긴 물을 마신다.

숨바꼭질 타로 핵심 찾기

헤르메스의 날개 사랑에 대한 호기심

물고기 문양의 갑옷 공동체 의식과 다양한 감정들

카드 핵심 키워드

정방향 상냥함 · 친절함 · 감성적

역방향 우유부단함 · 결단력 부족 · 의리를 중요시하다 손해를 보기도 함

상담 TIP

원인 누구에게나 호의적이네요.

해결 마음을 한곳에만 집중해야 합니다.

결과 사랑과 충만함을 얻게 됩니다.

MEMO

KNIGHT of WANDS

before 위풍당당하게 성을 나선다.

after   새로운 피라미드를 창조한다.

숨바꼭질 타로 핵심 찾기

사막 개척에 대한 욕구

불꽃 모양 투구의 깃털 불타오르는 의지

카드 핵심 키워드

정방향 열정 · 적극적인 · 진취적인

역방향 무모한 · 성급한

상담 TIP

원인 성급하게 움직여요.

해결 정면승부하는 것이 좋습니다.

결과 성취감을 맛보게 될 거예요.

MEMO

KNIGHT of SWORDS

before 용맹스럽게 군사를 이끈다.

after   오만하여 아군을 공격하기도 한다.

숨바꼭질 타로 핵심 찾기

반만 보이는 검   불분명한 목표의식에 대한 경고

물고기 문양의 갑옷   공동체 의식과 다양한 감정들

카드 핵심 키워드

정방향   뛰어난 수완 · 명석한 두뇌 · 논리적인

역방향   부족한 수완 · 패기가 없는 · 본인만의 논리 주장

상담 TIP

원인   패기가 부족합니다.

해결   숙련된 기술이 필요해요.

결과   명석한 지성의 힘을 발휘하게 됩니다.

MEMO

QUEEN of PENTACLES

before 뱀 한 마리가 펜타클을 여인에게 건네고 있다.

after 여인을 지키던 토끼가 도망친다.

숨바꼭질 타로 핵심 찾기

장미 정원 많은 결과물 · 풍요로움 · 순탄함

꽃과 과일 물질 세계 · 재능 · 여성의 생산성

카드 핵심 키워드

정방향 편안하고 관대한 사람 · 사회생활에 욕심이 없는 여성

역방향 만족감이 없는 여성 · 아이들에게만 집착하는 여성

상담 TIP

원인 안전욕구가 강해요.

해결 움직일 필요가 있습니다.

결과 나의 사랑과 물질을 모두 지키게 됩니다.

MEMO

QUEEN of CUPS

before 돌고래가 여인에게 컵을 건네주고 있다.

after   컵 안에 들어있던 물고기를 손에 쥔다.

숨바꼭질 타로 핵심 찾기

왕좌 속 아이들   소녀 감성 · 유치함 · 내 맘의 아이 · 영원한 젊음

커다란 컵   개성과 독특함 · 성배

카드 핵심 키워드

정방향   친절하고 사랑이 많은 여성

역방향   감수성이 예민한 사람 · 헌신을 강요하는 여성

상담 TIP

원인   사랑만 갈구합니다.

해결   사랑으로 보살피세요.

결과   사랑과 보살핌으로 행복해집니다.

MEMO

before 여왕이 해바라기를 꺾으려 한다.

after 해바라기를 따라 방향을 옮겨간다.

숨바꼭질 타로 핵심 찾기

붉은 사자   과시욕 · 열정과 용기 · 남성성

검은 고양이   야망을 감추고 있음 · 생명력 · 개성

카드 핵심 키워드

정방향   실용적이고 현실을 중시하는 여성 · 가정과 직장 모두 지키고
싶어하는 워킹맘

역방향   감정 조절이 안 되는 성급함 · 욕심이 지나쳐 가정보다는 사회
생활에 에너지를 쏟음

상담 TIP

원인   자신의 주장을 너무 내세웁니다.

해결   힘 조절이 필요해요.

결과   열정적인 삶을 살게 될 거예요.

MEMO

QUEEN of SWORDS

before 요정이 나비 왕관을 가져다준다.

after 칼 끝에 앉은 나비를 바라본다.

숨바꼭질 타로 핵심 찾기

나비 왕관 성공에 대한 야망 · 자유의지

구름보다 위에 있는 머리 높은 지적에너지 · 현실성 없는 이상 추구

카드 핵심 키워드

정방향 인내와 끈기가 많고 목표지향적인 여성 · 야망이 큰 여성

역방향 독단적이고 직선적인 여성 · 고독함을 자초하는 여성

상담 TIP

원인 야심이 가득해요.

해결 완벽한 일처리를 구사합니다.

결과 자존감이 높아집니다.

MEMO

before   오랜 시간 인내하며 펜타클을 손에 쥐려고 기다리고 있다.

after   펜타클을 들이받는 황소를 황제가 제압하고 있다.

숨바꼭질 타로 핵심 찾기

황소	대지의 비옥함 · 책임감
포도	오랜 시간의 결실과 기쁨

카드 핵심 키워드

정방향	안정감과 편안함을 줄 수 있는 남성 · 이재에 밝고 실용적인 기질
역방향	베푸는 부분이 다소 인색할 수 있는 사람 · 통찰력이 부족하여 금전적 손해를 보는 사람

상담 TIP

원인	지나치게 현실적이에요.
해결	돈의 노예가 되지 않아야 합니다.
결과	풍족함과 안락함이 유지될 거예요.

MEMO

KING of CUPS

before 파도를 다스리며 컵을 받을 준비를 하고 있다.

after 컵에 담긴 물을 쏟아버린다.

숨바꼭질 타로 핵심 찾기

물고기 모양 펜던트　감정 표현을 잘하는 사람

물 위의 회색왕좌　감정 조절 능력 · 차분함 · 외로움

카드 핵심 키워드

정방향　사려깊고 정이 넘치는 남성 · 개인보다는 조직을 위하여 희생
을 감수하는 사람

역방향　지나친 공동체 의식으로 소중한 것을 놓치기 쉬운 남성 · 소심
하고 감정 조절을 잘 못하는 사람

상담 TIP

원인　인정에 이끌립니다.

해결　양쪽 모두 행복할 수 있는 결단을 내려야 해요.

결과　정의롭고 따뜻한 사람들을 얻게 됩니다.

MEMO

KING of WANDS

before   커다란 사자가 남성 앞에 앉아 있다.

after   손 위에 도롱뇽을 올려 놓는다.

숨바꼭질 타로 핵심 찾기

도롱뇽   불길을 다스릴 수 있는 에너지와 힘

사자   의지와 생명력 · 우월의식

카드 핵심 키워드

정방향   진취적이고 추진력 있는 리더 · 사업가 기질이 있는 남성

역방향   무모하고 독단적 기질로 갈등을 유발하는 사람 · 다소 난폭한
기질이 있음

상담 TIP

원인   지나치게 독단적이네요.

해결   경계심을 풀고 자신감 있게 행동하세요.

결과   힘 있게 행동할 겁니다.

MEMO

KING of SWORDS

before 구름 속에서 평정심을 유지하며 칼을 건네 받는다.

after 칼을 땅에 꽂고 독수리를 손에 얻는다.

숨바꼭질 타로 핵심 찾기

기울어진 컵 갈등과 변덕스러운 마음

회색 망토 공정함과 분석 · 중립의 태도

카드 핵심 키워드

정방향 신중하고 분석적 · 단호함

역방향 자신의 판단만 믿고 경청하려 하지 않음 · 자신감이 없어 실수
함 · 성급함

상담 TIP

원인 냉정하다고 오해를 받습니다.

해결 단호하게 결정해야 합니다.

결과 명예, 성공, 사업 모두 이루게 됩니다.

MEMO

2부

슬기롭게 관계 맺기

타로를 배우는 이유 중 하나는 서로의 다름을 이해하기 위해서다. 과거와 다르게 학교나 외부 교육기관을 통해서 내 아이의 기질에 맞는 진로 적성 찾아주기나 부모와 아이의 궁합을 미리 보고 갈등을 줄여보고자 하는 부모님들도 많아졌고 심리적으로 힘들어하는 자녀를 위한 상담에 적극적인 부모님도 많아졌다.

그만큼 MBTI나 에니어그램, TA, DISC, 사랑의 언어검사 등 인간을 이해하기 위한 심리검사를 적극적으로 공부하고 알아가려고 하며 우리 생활속에 상담심리가 깊숙이 들어오기 시작한 것 같다. 타로카드도 그중 하나이며 수많은 심리검사와 타로카드를 접목하기 위한 시도도 이미 오래 전부터 계속돼 왔다.

그중 인간의 행동유형을 4가지로 분류한 DISC와 타로의 4원소를 비교한 내용의 연관성에 대해 재미있게 설명해 보고자 한다.

상징물	계절	원소
지팡이	봄	불
컵	여름	물
펜타클	가을	흙
검	겨울	공기

서양철학의 4원소와 DISC(행동유형)

히포크라테스는 고대 그리스 의학의 아버지로 '체액이론'을 정립하였다. 담즙질Choleric, 다혈질Sanguine, 점액질phlegm, 우울질Melancholy의 4가지 유형으로 기질을 설명하였고 이는 타로카드 4원소와도 유의미하게 연결되어 있다.

히포크라테스의 4가지 체액이론과 DISC와 타로카드 4원소

체액	유형	DISC 유형	타로 4원소
황담즙	담즙질(Choleric)	D	불
혈액	다혈질(Sanguine)	I	물
점액	점액질(Phlegm)	S	흙
흑담즙	우울질(Melancholy)	C	공기

이를 기초로 1920년대 1920년대 컬럼비아 대학의 마스턴 교수가 인간의 성격유형을 분석하여 DISC 이론을 만들어 냈다. 봄·여름·가을·겨울의 4계절이 있듯이, 동서남북의 4방위와 인간의 희노애락 등 4라는 숫자는 인간의 기초이자 기반을 상징하는 의미이고 안정적인 토대를 상징하는 의미이다. 서양철학의 물·불·흙·공기의 4가지 원소 또한 우리 삶을 구조 짓는 틀과 비슷한 숫자 4와 연결되기 때문이다.

4원소 이해하기

	불	물	흙	공기
상징	ACE of WANDS.	ACE of CUPS.	ACE of PENTACLES	ACE of SWORDS.
성격	주도적, 명령적, 결과 중시	사교적, 감정적, 사람 중시	태평스러움, 느림, 과정 중시	진지함, 세심함, 세부사항 중시
음양 구분	남성적	여성적	여성적	남성적
목소리	힘 있고 짧고 높은 톤	감정적, 열정적, 가늘고 높은 톤	침착하고 굵고 낮은 톤	냉정하고 가늘고 낮은 톤
옷 스타일	정장 스타일	화려하고 유행에 민감	실용적이고 편안한 의상	소탈하며 튀지 않음
나의 장점	시원시원함	친절하고 상냥함	착실하고 우직함	차갑고 객관적임
나에 대한 오해	참을성이 없음, 욱함	산만하고 정신 없음	속마음을 알기 어려움	이기적이고 계산적인 듯함
내가 관심 있는 주제	개인적인 성공 경험과 앞으로의 목표	사랑하는 내 주변 사람들 이야기	아끼는 물건들, 그림, 편지, 돈, 가족 등	질서, 기능, 문화, 토론, 독서

부모와 자녀의 궁합

QUEEN of WANDS	PAGE of PENTACLESS

· 왜 이리 굼뜨니?
· 빨리 시작하자.
· 남들보다 빨리 도전해야 해.
· 아침형 인간이 성공하게 되어
  있어.
	· 엄만 왜 그렇게 급해요? 숨 막혀요.
	· 왜 꼭 빨리 움직여야 해요? 어차피
	  다 하게 되어 있는데…
	· 알아서 하라고 말하지 마세요. 그
	  럴 거면 플래너를 짜 주든가요.

QUEEN of SWORDS	PAGE of CUPS

· 공부를 왜 해야 하는 건지 알고
  있니?
· 시간 낭비 없는 합리적인 공부
  방법을 찾아보자.
· 최선을 다해 후회 없이 계획적
  으로 자기관리 철저히 하는 사
  람이 성공하는 거란다.
	· 엄마, 친구들이 저보고 착하고 선
	  하대요.
	· 꼭 사회적으로 성공해야 하나요?
	  그냥 즐겁게 살면 안 되나요?
	· 난 그냥 행복한 게 좋지 너무 계획
	  적으로 사는 건 피곤해요. 모두가
	  다 행복했으면 좋겠어요.

QUEEN of CUPS

- 나가 놀면 다쳐. 집에 있거라.
- 나쁜 친구들과 어울리지 마. 조심해야 해.
- 다 너를 사랑해서 그러는 거야.

PAGE of WANDS

- 엄마, 전 해 보고 싶은 것들이 너무 많아요.
- 집에 있으면 숨 막혀요.
- 그 학원 이제 재미 없어서 다른 학원 갈래요.

QUEEN of PENTACLES

- 엄마가 한 번 안 된다고 하면 끝까지 안 되는 거 너도 알잖니? 엄마 고집 꺾으려 하지 말거라.
- 네가 알아서 하거라.
- 엄마가 뭘 알겠니… 뭐니 뭐니 해도 안정적인 수입이 들어오는 공무원이 가장 좋지 않을까?

PAGE of SWORDS

- 회계와 인문학 중 어느 쪽이 더 잘 맞는지 비교 분석해 봐야겠어요.
- 역사 이야기를 같이 토론할 진지한 친구가 있으면 좋겠어요.
- 너무 저돌적으로 다가오는 친구는 부담스러워요. 차라리 혼자서 책 읽는 게 더 좋아요.

KNIGHT of PENTACLES   PAGE of PENTACLESS

참으로 평화로운 연애 커플, 하지만 속마음은?

너무 심심하고 무료하고 오빠의 속마음을 모르겠어요. 늘 똑같고 변함없지만 재미가 없어요. 처음엔 같이 데이트 통장 만들어서 알뜰하게 저축하자고 해서 믿음이 갔는데 요즘 드는 생각은 너무 짠돌이 같아요. 알뜰한 건 좋지만 좀 저한테는 좀 과감하게 써줬으면 좋겠어요.

KNIGHT of CUPS   PAGE of CUPS

365일 행복하고 이벤트가 끊이지 않는 커플, 하지만 속마음은?

이러다 파산하는 거 아니야? 다음 달 카드값 어떻게 메꾸지? 연애하기엔 좋은데 결혼할 사람으로는 좀 망설여지네, 흠… 처음엔 이벤트도 해주고 계절마다 바뀌는 꽃 선물에 설레고 그랬는데요. 오래되다 보니 너무 식상해졌어요. 그리고 너무 감정적이에요. 울면 제가 달래줘야 하고 힘들어요. 저도 의지하고 싶고 상처받을 때마다 위로받고 싶은데 같이 우울해져서 힘드네요.

KNIGHT of WANDS   PAGE of WANDS

일중독에 사랑도 놓치지 않는 열정적 커플, 하지만 속마음은?

너무 배려가 없고 자기중심적이고 금사빠야. 금방 사랑이 식겠지? 오빠는 제가 우선순위가 아닌가 봐요. 늘 일에 치여 살아요. 사람 만나는 것도 일처럼 만나고요, 너무 많은 모임과 회식 때문에 전 늘 뒷전이에요. 저도 모임에서 구두끈 묶는 사람은 싫어하는데요, 오빠는 아예 지갑을 던져버려요. 사업가를 꿈꾼다는데 믿음이 안 가서 불안해지네요.

KNIGHT of SWORDS   PAGE of SWORDS

토론을 사랑하는 커플, 하지만 속마음은?

내 생각은 틀리고 자기 의견만 맞다는 건가? 때론 인정해주면 안 되니? 논리 싸움이 피곤해요. 전 똑똑하고 지적인 오빠 모습이 좋았어요. 그리고 무엇보다 서로 다른 생각을 존중해주는 모습이 마음에 들었거든요. 영화 한 편을 보고 밤새워 의견을 나눴던 적도 많았어요. 그런데 지금은 점점 본인 생각에 저를 맞추려고 해서 속상하네요.

KNIGHT of CUPS   PAGE of PENTACLES

행복이 우선인 남자와 현실이 더 중요한 그녀의 갈등

전 여자친구가 항상 제 앞에서 웃고 행복했으면 좋겠어요. 제가 얼마나
여자친구를 친구들 앞에서 자랑스러워하고 사랑스러워하는지 설명해
주고 즐겁게 해주려고 애쓰고 고민하는지 알아줬으면 좋겠어요. 오늘
은 어떤 감동적인 이벤트를 해줄까, 어떤 음악으로 모닝콜을 해줄까 고
민하는데 여자친구는 자꾸 언제 돈 모을 거냐며 계산적인 이야기를 해
산통을 깨버려서 불만일 때가 많죠.

KNIGHT of WANDS   PAGE of CUPS

일이 우선인 그와 사랑이 먼저인 그녀의 갈등

전 미래에 부자로 살고 싶어요. 자격증도 따야 하고 사업 구상도 해야
하고 할 일이 너무 많은데 여친은 자꾸 사랑 타령이에요. 사랑도 중요
하지만 저를 좀 이해해 줬으면 좋겠어요.

KNIGHT of SWORDS   PAGE of CUPS

계획적이고 분석적인 남자와 논리가 피곤한 그녀와의 갈등

전 여자친구가 지금보다 성장했으면 좋겠고 같이 공부하고 발전했으면 좋겠어요. 회사에서 좀 더 성과를 올릴 수 있는 방법에 대해 토론하며 도와주려고 했을 뿐인데 가르치려고 하고 따진다고 하면서 그냥 울어버리는 거예요. 지나치게 감상에 빠져 본질을 흐리는 대화가 건강한 건 아니잖아요? 무조건 여자친구 편을 들어주는 게 맞는 건가요? 정말 힘드네요.

KNIGHT of PENTACLES   PAGE of WANDS

편안함이 우선인 남자와 모험을 즐기고 싶은 그녀의 갈등

여자친구의 열정적인 모습이 처음엔 매력적이었어요. 그런데 지금은 좀 지치네요. 너무 거침이 없고 직선적인 말투가 불편할 때가 많아요. 전 시간이 필요한데 빨리 말하라며 다그치고 일방적으로 화내고 또 금방 풀어지고 저한테 너무 오래 고민한다 하고 심심하다 하고… 전 좀 쉬고 싶어요. 전 집에서 데이트하는 게 좋은데 늘 나가고 싶어 하네요.

홀랜드 진로 유형

미국의 진로심리학자 John Holland 이론에 근거해서 만들어진 검사로 존스홉킨스 대학에서 오랜 시간 연구를 통해 자신의 이름을 딴 홀랜드 직업선택이론을 개발했다.

메이저 카드와 16명의 인물 카드로 본 홀랜드 진로 유형

현실형	구체적이고 체계적인, 질서정연한, 손재주 좋은, 물질지향적
탐구형	연구·과학·탐구영역에 관심, 분석적, 논리적, 합리적, 사회성 결여
예술형	창조적이고 자유로움, 다양성과 개성 존중, 관습에 얽매이는 걸 싫어함
사회형	공감과 이해, 사회 봉사, 친밀함과 대인관계 기술이 좋은 편
진취형	리더십과 관리 기술이 뛰어난, 목표지향적, 명예와 권위 중시
관습형	규칙적, 안정성과 신중함, 정리, 체계적으로 짜여진 방법 선호

현실형

성격 특성 한 우물만 열심히 판다. 사람보다 레고 조립이 더 재밌다. 기계 조립을 좋아한다. 야외활동을 즐긴다. 동식물 기르기도 좋아한다. 말수가 적은 편이다.

진로 직업 건설업 종사자 · 운동선수 · 군인 · 농부 · 정비사 · 정형외과 의사 · 항공기 조종사 · 엔지니어

MEMO

성격 특성   책을 좋아한다. 탐구와 연구활동을 즐긴다. 지적 호기심이 뛰어나다. 사회성이 다소 부족하다. 반복적인 활동은 싫어한다. 토론을 즐긴다.

진로 직업   학자 · 연구원 · 물리학자 · 생물학자 · 고고학자 · 심리학자

MEMO

성격 특성   새로운 아이디어가 많다. 상상력이 풍부하다. 자유로운 영혼이다. 구속받는 것을 싫어한다. 음악·미술에 조예가 깊다. 개성과 자유를 존중한다.

진로 직업   디자이너 · 무용가 · 소설가 · 영화감독 · 패션업 종사자 · 예술가

MEMO

성격 특성   사람을 좋아한다. 대인관계 기술이 좋다. 이타심이 많다. 봉사정신이 많다. 혼자 있는 것을 싫어한다. 정 많고 정보를 알려주는 것을 즐긴다.

진로 직업   사회복지사 · 선생님 · 직업상담사 · 유치원 교사 · 간호사 · 종교인

MEMO

성격 특성　리더십이 탁월하다. 앞에 나서는 것을 좋아한다. 영업활동을 즐긴다. 승부욕이 있다. 타인에게 인정받고 싶어한다. 목표지향적이다.

진로 직업　CEO · 정치가 · 마케팅 종사자 · 영업 관리자 · 호텔 지배인 · 시민운동가

MEMO

성격 특성　정리정돈을 잘한다. 깔끔하다. 세심하고 정확하다. 뭉뚱그려 말하는 것을 좋아하지 않는다. 자료정리를 잘한다. 실용성을 추구한다.

진로 직업　세무회계사 · 공무원 · 은행원 · 도서관 사서 · 비서 · 안전관리사

MEMO

나의 소울카드 찾기

사주명리학에서도 일주론을 이야기한다. 일주가 무엇으로 태어났느냐
고 말이다. 목·화·토·금·수 5행의 글자들이 조화를 이루어 그 사람을 나
타낸다. 즉, 하늘의 기운의 글자와 땅의 기운의 글자가 합쳐져 60갑자를
이루게 된다. 나를 설명하는 일주론과 12지 동물이 있듯이 타로카드에서
도 메이저 카드 22장으로 태양의 기운과 달의 기운으로 나를 알아보는 방
법이 있다.

> 양력 생일 1973+11+24 = 2008 = 2+0+0+8 = 10 양력
> 음력 생일 1973+10+30 = 2013 = 2+0+1+3 = 6 음력
> 10+6 = 16번 본질

나의 외향적인 면(태양, 의식)과 나의 내면적인 면(달, 무의식)이 합쳐져서
나의 본질을 나타낸다. 참고로 더한 숫자가 21 이상의 숫자가 나오는 경우
22는 0번이며 23은 1번이 아니라 2+3=5(교황)카드가 된다. 소울넘버에 대
한 이론은 타로마스터마다 모두 다르며 0~9번까지의 숫자로만 해석하는
리더들도 있지만 우리의 자아는 한 가지 카드로만 해석하기엔 무리가 있
다고 본다. 이 글을 읽는 여러분들께서 다양한 임상을 통해서 내 안의 다
양한 페르소나를 찾아보는 데 도움이 되었으면 한다.

> 2+8 = 10 운명의 수레바퀴   나의 내면 달, 무의식
> 1973+10+30 = 2013 = 2+0+1+3 = 6 러브
> 10+6 = 16번 타워

별자리와 나

12 사인	날짜	사인 특징	연결 카드
에리즈(Aries) 양자리	3. 21. ~ 4. 19.	단순하고 용감한 전사	황제 · 전차
토러스(Taurus) 황소자리	4. 20. ~ 5. 20.	든든하고 고집스런 유지자	여황제
제머나이(Gemini) 쌍둥이자리	5. 21. ~ 6. 21.	호기심 많은 메신저	마법사 · 사랑
캔서(Cancer) 게자리	6. 22. ~ 7. 22.	정서가 풍부한 양육자	여사제
리오(Leo) 사자자리	7. 23. ~ 8. 22.	통 크고 관대한 지배자	힘
버고(Virgo) 처녀자리	8. 23. ~ 9. 22.	봉사하는 완벽주의자	여사제 · 은둔자
리브라(Libra) 천칭자리	9. 23. ~ 10. 23.	평화주의자	정의
스콜피오(Scorpio) 전갈자리	10. 24. ~ 11. 22.	통찰력 있는 평화주의자	죽음
쎄지테리어스 (Sagittarius) 사수자리	11. 23. ~ 12. 21.	철학적, 낙천적인 방랑자	태양 · 절제
캐프리컨 (Capricorn) 염소자리	12. 22. ~ 1. 19.	야망과 집념의 조직가	악마
어퀘어리어스 (Aquarius) 물병자리	1. 20. ~ 2. 18.	독창적인 개인주의자	별 · 바보
파이씨즈(Pisces) 물고기자리	2. 19. ~ 3. 20.	동정심 많은 신비주의자	달

타로로 보는 케미

1인자와 2인자

유○○	박○○

부드러운 카리스마로 결국은 상대방을 내 편으로 만드는 진정한 리더십의 소유자. 당근과 채찍을 적절히 활용하여 상대방이 원하는 바를 적재적소에 잘 물어다 줄 수 있지요. 상대의 역량을 200프로 발휘하게 만드는 내공 있는 실력가!	절대 너한테 눌리지 않을 거야, 날 구속하려 하지 마~ 난 나라고! 하면서 본인의 개성을 마음껏 발휘하지만 8번의 힘 앞에서 때론 져 주기도, 맞춰 주기도 하는 따뜻한 심성의 착한 바보.

MEMO

부부의 세계

지선우	이태오	여다경
WHEEL of FORTUNE.		QUEEN of CUPS.
내가 가진 소중한 모든 것을 반드시 지키겠어! 가정도 사랑도 명예도 모두 지키겠어. 강한 퀸 펜타클.	사랑한 게 죄는 아니잖아? 자유로운 연애주의자 남편. 영화 산업과 엔터테인먼트 사업에 누구보다도 어울리며 사업가 기질도 갖고 있는 사람이다. 아쉬운 점은 책임감이 약하다는 것.	사랑할 수만 있다면 부모도 젊음도 미래도 모두 포기하고 남의 아이도 품을 수 있어! 퀸 컵의 오로지 사랑이 많은 여자.

MEMO

알라딘

알라딘	자스민 공주	지니
마음 착하고 순수한 청년. 현실감각은 없지만 누구보다 정의로우며 사랑하는 사람을 위해 용맹스러움을 발휘한다.	자신감과 용기로 무장했으며 세상을 낙천적으로 바라보는 당당함을 가지고 있다.	주인의 소원을 들어주러 전 세계를 누비는 전지전능함과 유쾌함의 소유자.

MEMO

삼국지

관우	유비

소처럼 우직하다. 고집이 너무 세서 그 고집 때문에 결국 죽는다. 자신의 사리사욕보다 나라를 생각한다. 윗사람한테 거만한 모습을 보이기도 한다.	부하를 사랑한다. 겸손하다. 백성들의 평안을 생각한다. 뜨거운 가슴과 눈물이 많은, 인정과 인간미가 풍부한 사람. 하지만 우유부단한 면도 있다.
장비	조조

용맹스럽다. 잘 발끈한다. 성미가 급하다. 군자를 좋아해서 사람들과 잘 어울렸다. 단점으로 아랫사람들을 무시하고 엄격하게 대하는 경향이 있다.	권모술수와 임기응변에 강한 야심가. 솔직하고 지혜롭다. 도덕보다 실리를 추구하며 결단력 있게 군사를 잘 통솔한다. 비정하고 잔인한 면도 있다.

악마는 프라다를 입는다

미란다	앤디 삭스

자신의 말이 곧 법이다. 모든 상황에서 완벽한 복종을 원하는 절대권력 카리스마의 소유자. 패션잡지사 대표를 지키기 위해 수단과 방법을 가리지 않는다. 하지만 뒤에선 주인공 앤디 삭스를 위해 최고의 추천서를 써줄 만큼 본질은 따뜻하며 부드러운 카리스마를 품고 있다.

자신의 재능과 영리함에 자부심을 느끼고 능력 있는 기자가 되기 위한 야망을 보여 준다. 어려운 문제들을 집중력을 발휘해 해결해 나가며 미란다의 신임을 얻는다. 하지만 비도덕적인 약육강식의 직장생활에 과감히 사표를 던지고 본인만의 진정한 꿈을 찾아 떠난다.

MEMO

작은 아씨들

첫째 메그	둘째 조

'네 꿈과 내 꿈이 다르다고 해서 중요하지 않은 건 아니야.' 아름답고 온화하다. 시대적 가치관에 순응해 사는 성격.	'난 모험이 좋아. 나가서 재미있는 일을 찾아볼 거야.' 활발하고 재기 넘치는 성격. 자기가 바라는 인간상과 사회가 바라는 인간상의 불일치로 갈등을 겪는다.

셋째 베스	넷째 에이미

'신의 뜻은 막을 수 없어.' 수줍음 많고 여리지만 헌신적이다. 조용하고 순종적이고 양심적이다.	'사랑은 선택하는 거지, 나도 모르게 빠져드는 것이 아냐.' 질투심 강한 성격.

겨울왕국

엘사	안나

'내색해서는 안 돼, 드러내서도 안 돼.' 감정도 능력도 모두 철저히 감추고 차갑게 행동하지만 사실 누구보다 따뜻하고 배려심이 많은 여왕.	'내 인생에 참견하고 서로 도움을 주고받으며 살면 그게 사랑이고 그게 가족이야.' 백마 탄 왕자를 꿈꾸는 소녀 감성을 가진, 다소 현실감각은 없지만 가족애만큼은 큰 사랑꾼.

크리스토프	올라프

쉽게 다가서지 못하는 소심함도 있지만 한 번 사랑에 빠지면 내 여자를 위해 목숨도 아끼지 않는 정의로운 백마 탄 왕자.	'I just thought of one thing that's permanent Love.' 영원한 것은 사랑이라고 말하는 귀염둥이 사랑꾼.

슬기로운 의사생활

이익준	안정원	김준환

THE MAGICIAN.	THE HANGED MAN.	THE DEVIL .
공부, 술, 대인관계 하물며 기타 연주까지 못하는 게 없는 만능맨. 재주 많은 엔터테인먼트.	공자도 맹자도 이겨먹을 천사 같은 성품의 소유자. 희생, 봉사, 헌신의 정신이 강한 행맨.	흉부외과 전설적 인물. 레지던트에겐 악마로 통하는 사악한 의사. 한 치의 오차 없이 완벽한 수술을 해내는 완벽주의자.

양석형	채송화	

THE HERMIT.	THE EMPRESS.	
은둔형 외톨이, 자발적 아웃사이더. 숨쉬고 사는 게 신기한 귀차니즘의 대명사지만 속정 깊은 사람.	작은 체구에서 카리스마를 뿜으며 뭐든 열심히 하는 노력파. 모든 사람들의 존경을 받고 도와주려고 하는 사람.	

3부

슬기롭게 타로 해석하기

타로리딩 순서

타로상담을 하기 위한 과정으로 원만한 상담을 위한 환경 조성이 필요하다. 이벤트 장소나 놀이동산 등 많은 사람들이 모인 장소에서도 숙련된 타로리더라면 개의치 않고 집중력을 발휘하여 상담을 할 수는 있다. 하지만 좀 더 진지하고 사생활 보호와 비밀 보장의 원칙을 준수하고 싶다면 조용한 일대일 상담을 할 수 있는 아늑한 공간에서 상담하길 권장한다.

카드를 섞는 방법

① 상담 전 손을 손을 깨끗이 씻은 후 상담하길 권장한다. 타로카드를 소중히 여기기 위함이기도 하며 내담자에 대한 예의이기도 하고 상담에 임하는 자세로 마음을 정화하기 위한 첫 의식이라고 생각해도 좋다. 그다음 준비한 천을 펼치고 카드를 모두 뒤집은 채 하나로 모아 테이블 위에 펼쳐 놓는다. 카드를 모아놓은 후 잠시 눈을 감고 명상하면 직감력이 높아진다.

② 셔플한다. 양 손으로 360도 원을 그리면서 섞는다. 모든 카드가 골고루 섞이게 셔플하면서 상담자가 내담자에게 물어보고 싶은 질문의 주제를 마음과 머릿속에 새겨놓는다.

③ 카드를 옆으로 눕혀서 한 묶음으로 뭉쳐 놓는다.

④ 커팅한다. 두 묶음이나 세 묶음으로 등분하며 반드시 시행할 필요는 없다. 생략해도 상관 없다.

⑤ 카드를 펼치고 전개한다. 타로리딩 시 2~3번을 진행하는 동안 내담자와의 라포rapport 형성을 위한 가벼운 날씨 이야기나 상담받으러 오게 된 동기 등 가볍고 부드러운 주제로 내담자의 마음을 열어주는 질문을 던져도 좋다.

사진으로 보는 셔플 방법

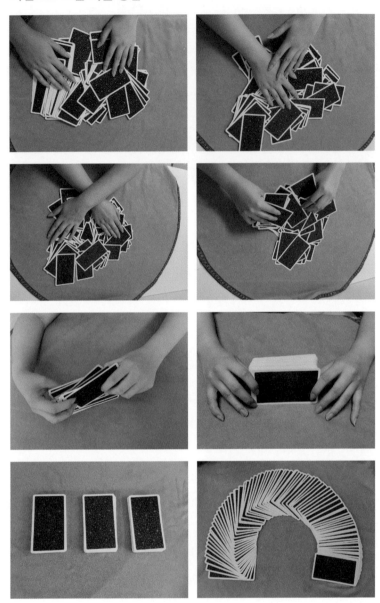

배열법의 종류

    78장을 모두 섞어 그림이 보이지 않게 뒤집은 상태에서 질문을 정하고 그에 맞는 카드를 선택한 다음 뒤집어 리딩한다. 다만 배열법에 너무 연연할 필요는 없다. 내담자가 수많은 임상을 통해서 본인만의 배열법을 찾아가고 발견하면 되는 것이다. 배열법의 종류를 추가하거나 불필요하다고 생각하는 부분은 삭제해도 무방하다. 가장 대중적인 배열법 몇 가지를 소개한다.

1장 배열법	원카드 리딩이라고 하며 상담 내용 중 마지막 혹은 중요한 질문에서 답을 얻고자 할 때 사용한다. 단순한 YES or NO의 답을 원할 때 좋다.
3장 배열법	주로 과거 현재 미래나 굳이 과거가 필요 없는 질문일 경우 미래-미래진행상황-결과 등 시간의 흐름을 예측할 수 있다.
5장 배열법	최소 1년 정도의 미래에 내담자가 원하는 것이 무엇인지 확인 가능하다.
7장 배열법	다윗의 별이라고 불리는 육각형 별 모양의 스프레드로 3장의 간단한 스프레드에서 좀 더 세부적인 내용을 알고 싶을 때 사용한다.
10장 배열법	가장 대중적인 배열법으로 켈트족의 십자가 모양에서 유래했다는 설이 있다. 내담자의 본질과 위기 대처능력을 엿볼 수 있는 배열법으로 타로리더의 상담 실력과 질문 기술에 따라 내담자의 많은 이야기를 들을 수 있는 리딩법이다.
만다라 배열법	나 자신을 성찰하기 위한 배열법으로 본인이 추구하고자 하는 방향성을 찾고자 할 때 사용해보는 배열법
사업운 배열법	사업을 꿈꾸는 사람들을 위한 배열법
직장운 배열법	이직이나 현재 직업의 만족도 등을 알아보고 싶을 때 사용한다.
금전운 배열법	안정성에 대한 욕구가 가장 크다고 볼 수 있다. 물질적 안정에 불안감이 느껴질 때 사용한다.

	일 단위	월요일부터 일요일 중 어떤 요일이 가장 좋을지에 대한 배열법으로 빠른 결정이 필요할 때 사용한다.
	주 단위	짧게는 3주(3장)부터 길게는 12주(12장)까지도 뽑아볼 수 있는 배열법으로 한두 달 안으로 결과가 나오는 일이거나 단기 프로젝트의 성과를 알고 싶을 때 유용하다.
시간 배열법	월 단위	한 해의 운을 전체적으로 보고 싶을 때 사용하는 배열법으로 1년간의 사업운을 본다거나 1년 중 가장 좋은 달을 택일하고 싶은 일이 있거나 할 때 사용하면 유용하다.
	연 단위	사주처럼 10년 이상 먼 미래를 볼 수 없는 거죠? 라고 물어보는 내담자들이 있다. 먼 미래의 계획을 잡을 때 연 단위 배열법을 사용한다. 다만 긴 시간 동안 변수가 생길 수 있는 가능성을 배제하면 안 된다.
1년운 배열법		해가 바뀌면 늘 새로운 마음으로 올 한 해 무탈하기를 바라며 보는 신년운세를 타로카드로 보는 방법이다.

1장 배열법

단 한 장의 카드로 내담자가 진정 원하는 것이 무엇인지 의중을 파악하여 리딩하는 배열법으로 타로리더의 질문을 끌어내는 스킬에 따라 다양한 해석이 가능하다.

사례 1

Q   지금 만나는 남자친구를 3년을 사귀었는데도 잘 모르겠어요.
    저를 이상형으로 보고 있는 걸까요? 어떤 사람인지 궁금해요.

A   9번 은둔자가 나왔네요. 가끔은 본인만의 동굴로 숨어들어 연
    애에 무관심할 수 있는 친구입니다. 감정 표현에도 서툴 수 있
    고요. 너무 걱정하지 마세요. 누구보다도 한 우물만 파는 9번
    오빠는 내담자님만 바라볼 겁니다.

사례 2

Q   이번에 고등학교 동창과 카페 창업을 해보려고 합니다.

A   6번 사랑 카드입니다. 서로의 단점을 보완해 줄 좋은 파트너
    관계가 될 수 있습니다.

Q   남자친구가 저를 진정으로 좋아하는지 알고 싶습니다.

A   지금 두 분은 충분히 아름다운 사랑을 하고 계십니다. 하지만
    남자친구 주변에 유혹이 있을 수 있으니 조심하세요.

사례 3

THE MOON.

Q   사업을 확장해 보려고 하는데 지금 시작해도 될까요?

A   아직은 시기상조로 보입니다. 좀 더 상황을 두고 보면서 어떤
    부분에서 조율이 필요한지 지켜보는 게 좋을 것 같습니다.

Q   어머님의 건강 상태가 어떤지 알고 싶습니다.

A   정신적으로 스트레스가 많으시고 약간의 우울증 증상도 있습
    니다. 가족들의 관심이 필요해 보입니다.

사례 4

THE TOWER.

Q   이사를 가도 좋을지 걱정됩니다.

A   이동하기에 무리가 없습니다.

Q   회사에서 연말에 구조 조정이 있을 거라고 통보했습니다. 제
    가 대상에 해당될까요?

A   안타깝지만 결과가 좋지 않습니다. 전화위복이라고 했습니다.
    더 좋은 변화가 기다리고 있기를 기원하겠습니다.

3장 배열법

기본 배열법이라고도 하며 질문 시점으로부터 3개월 전후의 과거·현재·미래를 예측해볼 수 있는 배열법이다.

사례 1

Q   이번 선거에 시의원에 도전해보고 싶습니다. 당선이 될까요?

A   ① 오래전부터 준비를 해온 실력자임을 알 수 있다.

　　② 적극적으로 내 꿈을 향해 도전하고 있다.

　　③ 자신감과 희망으로 가득 찬 미래로 보아 충분히 당선이 가능하다.

사례 2

Q 30대 초반 여성입니다. 1년 전 이혼을 했고 현재 동거 중인 남자가 있습니다. 남자 쪽에서는 결혼을 빨리 하자고 하는데 저는 겁이 나네요. 이 남자와 결혼하게 될까요?

A ① 과거 이혼의 아픔과 트라우마 때문에 재혼에 대한 자신감이 없는 상태이다.

   ② 남자가 적극적으로 결혼을 추진하고 있는 상태이다.

   ③ 결혼하게 될 것이다.

사례 3

Q 피아노를 좋아하는 학생입니다. 예술고등학교에 입학하고 싶어요.

A ① 어려서부터 피아노를 쳐왔고 음악을 전공하라는 조언을 들어왔다.

   ② 피아노가 적성에 맞는 상태이다.

   ③ 예술고등학교에 입학하게 된다.

 기본 3장 배열법의 확장 배열법으로서 6개월 이상의 먼 미래에 어떻게 일이 풀려나갈 것인지의 흐름을 예측해보고 싶을 때 유용하다.

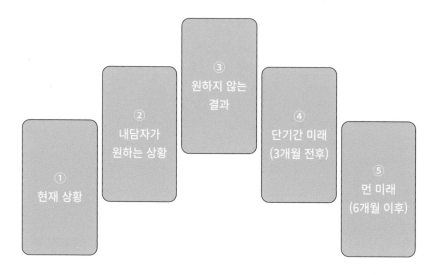

Q   아이들 앞에서 폭력을 사용한 남편과 계속 살아야 하는지 속
        상합니다. 아이들은 이혼을 하라고 하는데 제가 이혼해야 하
        는지요?

A   ① 아이들과 남편 사이에서 불편한 상황을 나타낸다.
        ② 불편한 갈등 상황을 종결하고 선택을 하고 싶어하는 내담자
           의 마음이 나타난다.
        ③ 양가감정의 상태로 선택을 하게 되는 상황을 두려워하고
           있다.
        ④ 엄마의 자리를 지킨다.
        ⑤ 남편의 자리를 지킨다.

Q   결혼 3년차에 접어든 30대 후반 동갑 부부입니다. 이제는 아이
    를 갖고 싶어요. 저는 개인 사업을 하고 있고 아내는 보건소에
    서 일하고 있습니다.

A   ① 감정적으로 부부의 도리를 요구하고 있는 상황이다.

    ② 아내가 조금 더 적극적으로 아이 갖기를 희망했으면 좋겠
       다고 생각한다.

    ③ 아내는 아이를 원하고 있지 않다.

    ④ 직장에서의 승진이나 공부를 더 하기를 원하며 임신을 위
       한 노력을 하지 않는다.

    ⑤ 남편은 계속 아이 갖기를 포기하지 않는다.

Q   50대 후반의 여성입니다. 편의점 3개를 운영하고 있는데 너무
     힘이 듭니다. 가족들 모두 제 마음 같지 않고 저 혼자서만 일을
     다 하는 거 같아서 속상합니다.

A   ① 주변의 도움을 많이 받고 있는 상황이다.

     ② 일하지 않고 사랑받고 사는 아내로 살고 싶은 마음이다.

     ③ 남편이 꿈쩍도 않고 가만히 있는 게 너무 싫다.

     ④ 욕심을 내려놓지 못하고 미래에 대한 기대치가 높으며 과
        도한 욕심을 부리고 있다.

     ⑤ 너무 많은 일을 전부 혼자 처리하려고 하여 육체적으로 지
        치게 된다.

　다윗의 별이라고 불리는 육각형 별 모양의 스프레드로 삼각형 두 개가 엇갈리게 겹친 모양으로 배열하는 법을 말한다. 매직 세븐Magic Seven 배열법이라고도 한다.

Q   초등 고학년과 저학년 아이 한 명씩을 데리고 재혼한 40대 재
    혼 가정입니다. 만나자마자 아이가 생겨 임신한 채로 결혼식
    을 먼저 올렸어요. 행복할 줄 알았는데 아이가 셋이 되고 나니
    아이들 문제로 다툼이 잦아지다 부부 사이까지 나빠져 결국
    이혼 이야기까지 나오게 되었습니다. 이 갈등 상황이 잘 해결
    될까요?

A   ① 잘 살 수 있을 거라는 희망을 가졌다. ② 상황이 진전이 없
    다. ③ 다툼이 더 심해진다. ④ 스트레스를 심하게 받고 있다.
    ⑤ 외롭고 힘든 상황이다. ⑥ 너무 성급하게 행동한 결과물이
    라 보고 있다. ⑦ 내담자가 원하는 방향으로 해결이 된다.

Q   아들이 OO대학에 합격했는데 가지 않고 재수를 하겠다고 고
     집을 부리더니 결국 등록을 하지 않았습니다. 어려운 형편에
     아이를 밀어줘야 하는지 답답합니다. 원하는 의대에 합격할
     수 있을까요?

A   ① 만족하지 못했다. ② 엄마와 갈등 상태이다. ③ 원하는 학
     교에 합격한다. ④ 아들을 믿고 기다려 줘야 한다. ⑤ 엄마가
     지나치게 간섭한다. ⑥ 지나치게 저울질하려는 게 문제이다.
     ⑦ 새로운 출발을 한다. 합격할 수 있다.

Q   40대 초반의 의류 사업을 하는 사업가입니다. 중국에서 사업을 하는 사촌이 투자를 권유해서 사업을 하는 동료들과 함께 5억을 보냈는데 수익은커녕 원금 회복도 못 하고 있는 상황입니다. 믿고 기다리면 돈을 벌 수 있을까요? 1년이 넘었습니다. 답답합니다.

A   ① 이 상황을 해결하기 위해 혼자서 애썼다, 주변의 도움을 받지 못한 상황이었다. ② 진척이 전혀 없는 답답한 상태이다. ③ 지금보다 더 안 좋은 상황으로 흘러간다. ④ 가족의 도움을 받아 볼 필요가 있다. ⑤ 너무 성급한 투자가 문제였다. ⑥ 가족이라 말도 못 하고 참고 버티기만 했던 게 문제다. ⑦ 스스로 어떤 결정도 내리지 못한다.

10장 배열법

가장 대중적인 배열법으로 켈트족의 십자가 모양에서 유래했다는 설이 있다. 내담자의 본질과 위기 대처능력을 엿볼 수 있는 배열법으로 타로 리더의 상담 실력과 질문 기술에 따라 내담자의 많은 이야기를 들을 수 있는 배열법이다.

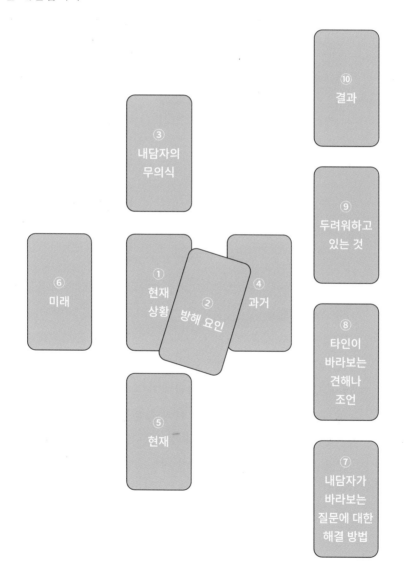

Q   K-Pop 학과에 지원했다가 고배를 마신 딸의 진로가 궁금합니다. 재능이 없는 것 같은데 재수를 하려고 하네요. 내년에는 대학생이 될 수 있을까요?

A   ① 다재다능한 친구이다. ② 어머니의 불필요한 근심 걱정을 나타낸다. ③ 딸의 고집을 나타내며 엄마와의 갈등 상황임을 알 수 있다. ④ 재수하겠다는 딸의 결정에 불편한 엄마의 상태가 나타난다. ⑤ 아무것도 알 수 없는 답답한 미래가 엄마의 우울증으로 나타난다. ⑥ 딸의 재능과 합격의 가능성을 나타낸다. ⑦ 엄마는 딸이 공부를 게을리한다고 생각한다. ⑧ 자녀의 재수 문제로 인한 가족 갈등 상황이다. ⑨ 딸이 계속 K-Pop에 대한 욕심을 내려놓지 못할까 걱정된다. ⑩ 아직은 많이 부족하지만 즐거운 마음으로 꿈을 향한 도전을 하게 된다.

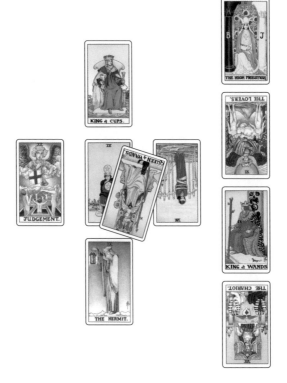

Q 폭력 가정에서 자란 아픔이 있어서 그런지 연애를 잘 하지 못
합니다. 남자들의 스킨십이 부담스럽습니다. 지금의 남자친구
와 연애를 잘 할 수 있을까요?

A ① 자신을 잘 보여주지 않는다. ② 강하게 남자를 밀어내는 의
사 표시를 하고 있다. ③ 따뜻한 아버지 같은 남성이 이상형이
다. ④ 이성관에 대한 본인만의 신념이 있었다. ⑤ 연애의 기
술이 없다. ⑥ 지금 만나는 남성과의 관계가 발전하지 못한다.
⑦ 현재 남성이 지친 상태이다. ⑧ 남성이 여자를 맘에 들어했
고 적극적으로 다가왔다. ⑨ 연애가 끝나버릴까 봐 두렵다. ⑩
본인의 자존심을 지키느라 연애에 소극적인 모습을 유지한다.

Q 성형수술을 하기로 예약이 되어 있습니다. 성형하고 다른 인
   생을 살 수 있을까요?

A ① 수술에 대한 걱정으로 잠을 이루지 못한다.

   ② 성형중독을 끊어내지 못하고 있다.

   ③ 본인의 외모와 인생이 실패했다고 생각한다.

   ④ 참고 살고 자신감이 없었다.

   ⑤ 위험 부담이 있지만 해볼 만한 수술이다.

   ⑥ 수술 결과에 만족감을 느낀다.

   ⑦ 수술 이후 적극적으로 움직이려고 한다.

   ⑧ 주변 사람들의 도움을 많이 받는다.

   ⑨ 몸이 힘들어질까 봐 걱정이다.

   ⑩ 스스로도 수술이 잘 마무리될 거라고 생각한다.

만다라 배열법

만다라는 불교용어로 부처가 증험한 것을 그림으로 나타낸 것이다. 만다라 배열법은 불교의 만다라와 타로를 결합시킨 형태의 배열법으로 나를 관찰할 수 있는 배열법이다. 내가 어떤 성향의 사람이고 어떤 목적을 추구하며 살고 있는지 성찰해볼 수 있다.

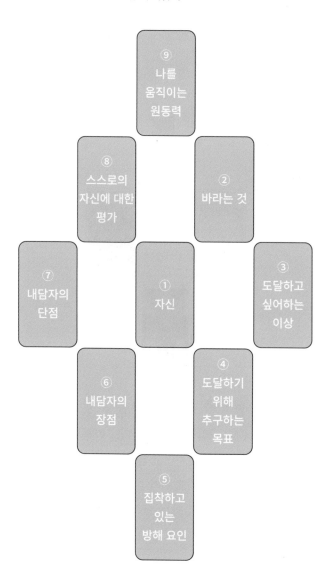

① 호기심 많고 순수한 어린 소녀 같은 사람 ② 명예를 얻는 것 ③ 사람들에게 따뜻하고 선한 사람이고 싶어한다. ④ 경제적 안정을 이루는 것을 원한다. ⑤ 감정적으로 상처받지 않으려고 사람들을 스스로 쳐내 버린다. ⑥ 가족적인 마인드로 모두가 다 행복해지길 원한다. ⑦ 지나치게 보수적이다. ⑧ 늘 열심히 사는 사람이다. ⑨ 순수하고 맑고 자유로운 나를 원한다.

① 선택과 결정권을 나 스스로 지려고 하는 사람 ② 새로운 결실을 맺는 것 ③ 끊임 없이 자기 발전을 위해 움직이는 부지런한 사람 ④ 일과 가정의 균형을 이루고 사는 것 ⑤ 너무 성급하게 결정해 버리는 것 ⑥ 경제적 안정을 위해 노력하고 사람들에게 편안함을 주는 성향이다. ⑦ 때론 권위적이고 엄격하다. ⑧ 오랫동안 꾸준히 노력하고 과거를 채찍질하며 달려왔다. ⑨ 내 신념대로 움직이고 그 신념이 맞다고 믿는다.

사업운 배열법

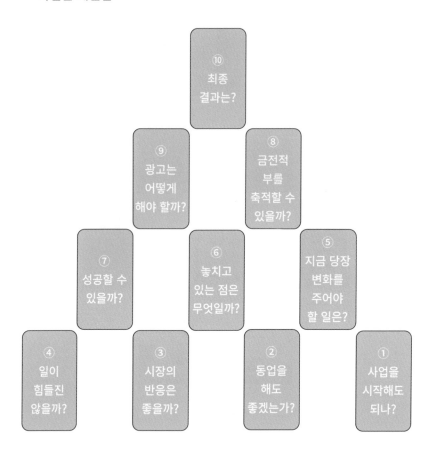

Q   아이 없이 강아지 4마리를 분양받아 키우는 주부입니다. 애견 카페를 운영하고 싶은데 잘 될까요?

A   ① 사업 준비 과정에서 예기치 못한 변화가 많이 예상된다. ② 내담자는 일전에 동업 경험이 있으며 동업은 스트레스라고 생각한다. ③ 시장 동향 파악을 위한 원대한 계획과 공부를 준비 중이다. ④ 순리에 따라야 하며 뿌린 대로 거두리라. ⑤ 변화보다는 유지나 수용을 선택하는 게 현명하다. ⑥ 막연한 기대나 환상을 갖지 마라. ⑦ 사회적 명성보다는 아이를 돌보는 듯한 행복과 보람을 느낄 것이다. ⑧ 사업운에서 가장 좋은 태양 카드로 아주 희망적이다. ⑨ 온라인과 오프라인 두 가지 모두를 공략해야 한다. ⑩ 경제적 풍요와 만족감을 얻을 것이다.

Q   어린이집 컨설팅 사업을 하고 있습니다. 특수부동산(요양원) 중
개 업무를 추가적으로 하고 싶은데 잘할 수 있을까요?

A   ① 새로운 사업을 꿈꾸고 있는 상황이다. ② 동업해도 컨설팅
과 중개업, 두 가지 사업을 잘 유지한다. ③ 계약 성사가 잘 이
루어질 것이다. ④ 두 마리 토끼를 잡기 위해 감정적으로 예민
해진다. ⑤ 본인의 생각대로 결정하고 밀어붙여야 한다. ⑥ 욕
심이 지나치고 만족을 모른다. ⑦ 아직 갈 길이 멀고 새로운
분야를 좀 더 배워야 한다. ⑧ 꿈도 이루고 금전적으로도 풍요
로운 결실을 맺을 수 있을 것이다. ⑨ 혼자 하지 말고 같은 분
야의 일을 하는 사람끼리 공동으로 협업하며 광고를 해야 한
다. ⑩ 새로운 사업 분야에서 전문성을 발휘할 것이다.

Q   다이어트 식품 쇼핑몰 운영에 성공할 수 있을까요?

A   ① 사업을 시작하기 위한 실력과 재정 상태가 안정적이다. ②
동업은 신중하게 검토할 필요가 있다. ③ 향후 시장이 커지고
인기 상품이 될 수 있는 아이템이다. ④ 자신의 가능성을 믿고
도전할 만큼 씩씩하다. 소소한 의사 결정의 순간들이 힘들 수
있다. ⑤ 경제관념이 조금 약하다. 불필요한 지출을 막는 게
우선이다. ⑥ 큰 그림을 그리지 못하고 주변의 사람들을 너무
믿고 있다. ⑦ 많은 일을 혼자서 해결하기엔 역부족이다. ⑧
재정 상태가 악화되는 형국이다. ⑨ 불만족 고객 관리를 신경
쓰고 경쟁 업체를 경계해야 한다. ⑩ 빨리 성과가 나지 않아
지칠 수 있다. 손익분기점을 잘 체크해야 한다.

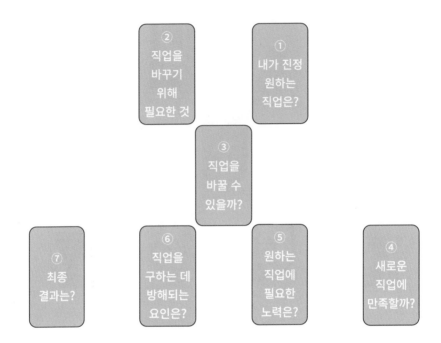

Q   30대 중반 금융회사를 다니고 있는 직장인입니다. 남들은 부러워하는데 전 적성에 맞지 않아 숨이 막힙니다. 이직할 수 있을지도 걱정입니다.

A   ① 안정적인 직장을 원한다.

② 기존의 고정관념이나 틀을 완전히 버리거나 과감한 결단이 필요하다.

③ 바꿀 수는 있지만 성급한 결정이 문제가 될 수 있다.

④ 새로운 일에 또 다시 실망할 수 있다.

⑤ 누구의 도움도 받지 않고 혼자서 결정해야만 한다.

⑥ 내 인생이기에 타인의 의사 결정(예를 들면 배우자나 여자친구 등)에 휘둘리지 않아야 한다.

⑦ 생각에만 그치고 움직이지 않게 된다.

Q   30대 중반 미술학원 강사입니다. 일본에 있는 지인이 운영하는 건설회사에 취업하는 건 어떨까 해서요. 이직하는 게 맞는 걸까요?

A   ① 나를 끊임없이 성장시키고 호기심을 자극하는 일을 하고 싶다.

② 과감하게 변화를 시도해야 한다. 더 큰 세계를 꿈꿔야 한다.

③ 주변 사람들과의 관계를 정리하고 과감하게 결단 내리면 충분히 가능하다.

④ 새로운 목표를 발견하고 흥미를 느끼게 된다.

⑤ 단호한 결정과 새로운 일에 대한 전문적인 기술로 무장되어야 한다.

⑥ 주변의 도움을 지나치게 기대하는 마음을 버려야 한다.

⑦ 그동안 쌓아온 실력과 인맥으로 사회적 성공과 부를 이룰 것이다.

Q 콜센터 관리직으로 일하고 있는 40대 직장 여성입니다. 고객
들의 민원 전화에 몸도 마음도 지쳐가네요. 프랜차이즈 카페
매니저로 오라는 러브콜을 받았습니다. 지금보다 스트레스 안
받고 일하고 싶은데 옮기는 게 맞을까요?

A ① 사람의 마음을 움직이는 심리상담이나 사회 봉사 쪽 일을
하고 싶어한다.

② 바꾸고 싶어하는 새로운 직업에 대한 분석과 이해가 필요하다.

③ 오랜 시간 지켜온 안정적인 위치 때문에 움직이지 않으려
한다.

④ 새로운 직업은 지금보다 훨씬 좋을 것이라는 희망에만 부
풀어있다.

⑤ 도전정신과 행동으로 움직이는 리더십이 필요하다.

⑥ 너무 성급하게 바꾸려고 해서 문제이다.

⑦ 과도한 자신감이 오히려 독이 될 수 있다. 신중할 필요가 있다.

금전운 배열법

⑧
돈을 벌기
가장 좋은
방법은?

⑦
최우선으로
고려해야 할
점은?

⑥
투자와
저축 중
더 좋은
것은?

⑤
금전적
안정을 위해
고려해야 할
점은?

④
금전적으로
과거에
고려했어야
하는 점은?

③
금전적으로
행복해지기
위해서는?

②
금전적인
면에서의
목표

①
금전적인
면에서
주의해야
할 것

Q 40대 초반, 아이 둘을 키우고 있는 가정주부입니다. 남편이 아이들 교육에만 신경 쓰고 집에 있으라고 해서 아이들만 키우고 살았는데 이제는 재테크도 안하고 뭐했냐며 사교육비를 줄여 보라고 합니다. 간간이 생활비를 줄여 주식을 조금씩 해 왔는데요. 어떻게 하면 돈 걱정 없이 살 수 있을까요?

A ① 수입이 빨리 없어지는 게 문제다. ② 남편이 안정적으로 돈을 벌어오는 것을 바라고 있다. ③ 낭비를 줄이고 현 자산을 지키는 것이 버는 것이다. ④ 주식이나 사교육 비용으로 너무 많은 금전 손실이 있었다. ⑤ 자산관리사의 도움을 받아볼 필요가 있다. ⑥ 조금씩 조금씩 적게라도 모아보는 저축이 나을 수 있다. ⑦ 즉흥적으로 투자하고 가랑비에 옷 젖듯이 신중하지 못한 소비습관이 문제다. ⑧ 재테크 공부를 꾸준히 해야 한다.

사례 2

Q 10년 전 남편이 대출받아 사놓은 땅이 오르지 않고 있습니다. 땅 때문에 저희 가족은 여유가 없이 살고 있습니다. 언제까지 이렇게 살아야 하나요? 남편은 절대 손해 보고는 안 판다고 버티고만 있습니다. 이자 내기가 버겁습니다.

A ① 언젠가는 큰 돈이 될 거라는 지나친 낙관론이 문제다. ② 무리한 투자보다는 조금씩 재정 상태를 개선하는 것에 포인트를 두어야 한다. ③ 현재에 만족하는 것, 범사에 감사하는 것이다. ④ 로또 같은 한 방을 꿈꿨던 게 문제였다. ⑤ 평정심을 유지하고 욕심을 버려야 한다. ⑥ 지금은 아무것도 하지 않고 버티는 것이 가장 현명한 상황이다. ⑦ 경제 관념을 기르는 것이 우선이고 아이들 교육 부분에 대한 지출을 검토해야 한다. ⑧ 10년간 오르지 않는 땅을 빨리 처분하는 것이 돈을 버는 것이다.

Q   3형제가 함께 식당을 운영하는 가족 사업을 하고 있습니다. 지난 20년간 싸우지 않고 잘 운영해 왔는데 큰 형수님께서 최근 지분 문제로 불만을 토로했다는 것을 알게 되었습니다. 많이 섭섭하네요. 혹시나 가족 싸움으로 번지지 않을까 걱정됩니다. 3형제 모두 돈을 잘 벌어갈 수 있을까요?

A   ① 3형제 모두 같은 꿈을 꾸고 있을 거라는 환상에 젖어있다. ② 정도경영을 걸으며 보수적인 사업 운영을 유지하고 있다. ③ 물질에 대한 지나친 욕심을 버려야 한다. ④ 형수님의 지나친 개입이 때론 문제를 일으켰다. ⑤ 불필요한 방해 요소를 과감히 끊어내야 한다. ⑥ 투자보다는 저축하고 유지하는 것이 더 나은 선택이다. ⑦ 3형제가 모두 만족하는 방법이 우선되어야 한다. ⑧ 사업의 확장이나 프랜차이즈 신설도 좋은 방법일 수 있다.

Q   주말에 남자친구랑 싸우고 서로 연락을 안 하고 있어요. 이 주
       일이나 지났는데 답답하네요. 보통 3일은 못 넘기고 전화가 왔
       는데 이번엔 불안하네요. 벌써 화요일이에요. 이러다 헤어지
       는 건 아닐까요? 제가 먼저 전화를 해 보려고 하는데 어느 요
       일에 전화를 하면 이 친구가 제 미안한 마음을 받아줄까요?

A   월요일 스트레스가 심한 날이다.

       화요일 여자친구의 생각이나 마음을 받아줄 마음이 없는 상태
       이다.

       수요일 서로에게 실망스러운 부분을 찾고 더 우울한 감정에 빠
       지기 쉬운 날이다.

       목요일 행복했던 시간들을 되돌아보며 회상에 젖어드는 날이
       며 감정의 변화가 찾아올 수 있는 날이다.

       금요일 다시 한번 여자친구에게 잘해주고 싶고 먼저 연락하고
       싶은 마음의 동요가 일어날 가능성이 있는 날이다.

       토요일 아직은 놓치고 싶지 않고 서로에 대한 희망과 신뢰를 지
       키고 싶어하는 날이다.

       일요일 새롭게 시작할 수 있는 날로 순수한 마음으로 연애가 행
       복해질 수 있다.

실전 TIP 질문한 화요일 기준으로 일주일을 뽑아서 가장 좋은 날을 선
         택해 준다.

Q   오랫동안 짝사랑해 오던 선배에게 고백을 하려고 합니다. 공부
며 운동이며 못하는 것이 없는 선배라 주변에 사람도 많고 늘
바쁜 사람입니다. 여러 사람에게 인기가 많아 제 마음을 받아
줄지 자신이 없습니다. 선배가 바쁘지 않은 때를 선택하고 싶
은데 어떤 주가 좋을까요?

A   첫째 주 고백을 하지 않는 편이 좋다. 어렵게 마음을 고백한 게
오히려 독이 될 수 있고 선후배 사이가 더 멀어질 수도 있다.
둘째 주 주변의 사람들에게 너무 둘러싸여 있는 상태이다. 내담
자와의 관계도 나쁘지는 않지만 온전히 마음을 받아주기엔 선
배가 너무 바쁠 수 있는 날이고 집중이 안 될 수도 있다.
셋째 주 스스로에 대한 눈높이가 높고 다소 오만해지기 쉬울 수
도 있는 주여서 더 나은 사람을 기대할 수도 있다.
넷째 주 두 사람이 더욱 친밀해지고 돈독해질 수 있는 주이며
서로에 대한 애정을 확인할 수 있는 주이기도 하다.

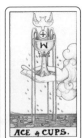

Q   교육 사업을 하고 있습니다. 코로나 때문에 강의 요청이 전혀
        들어오지 않아서 직원들 월급을 못 주고 있습니다. 지금이 7월
        인데 언제쯤 예전으로 돌아갈 수 있을까요?

A   7월 코로나로 강의 요청이 끊어진 상황이 지속되는 달이다.

        8월 스트레스가 심해지고 새로운 일을 도모할 의욕도 없어진다.

        9월 불편한 상황이 지속되나 일을 그만둘 수도 없는 입장이
        된다.

        10월 새로운 이동이나 변화의 조짐이 보이는 달이다. 새로운
        사업 아이템이나 기회가 올 수 있다.

        11월 새로운 거래처가 연결이 될 수 있고 좋은 사람과 긍정적
        인 제안이 들어올 수 있는 달이다.

실전 TIP 월별로 총 12장까지 뽑아볼 수 있으나 11월에 긍정적인 카드가
        나오기 때문에 더 이상 뽑아보지 않아도 좋다.

MEMO

참고 배열법 (신년운세 배열법, 점성학 배열법)

해마다 신년운세를 보러 가는 사람들이 많다. 타로는 그렇게 볼 수 없나요? 라고 질문한다. 연말연초에 우리나라 사람들이 가장 많이 보는 토정비결 같은 개념으로 1년 운세를 볼 수 있는 배열법이다. 배열의 방법은 마름모나 원형, 두 줄 등 다양한 방법으로 볼 수 있고 반드시 정해진 규칙이 있는 것은 아니다. 카드를 펼칠 수 있는 공간이 좁으면 두 줄로 보면 되는 것이고 카드를 펼칠 공간이 여유롭다면 원형이나 마름모로 펼쳐놓고 상담하면 된다. 배열법의 종류만 수만 가지가 넘고 반드시 규칙을 준수해야만 하는 것은 아니다. 본인이 개발한 배열법을 사용해도 무방하며 가장 대중적으로 알려진 배열법과 참고할 만한 배열법 10개 정도는 알아두고 응용해서 활용하면 된다.

• 두 줄 배열법

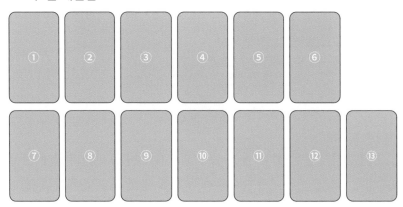

번호의 순서대로 1월부터 12월까지 월별로 판단하고 해석하며 ⑬은 해의 총운으로 해석해준다. ①~⑥은 내담자의 정신적이고 개인적인 면, ⑦~⑫는 사회적이고 물질적, 환경적인 면으로 구분해서 상담해주고 ⑬은 해의 총운으로 해석해준다. ①~⑥은 상반기 운세, ⑦~⑫는 하반기 운세, ⑬은 한 해의 총운으로 해석해준다. 마주보고 있는 대립카드를 주의깊게 봐야 한다(1-7, 2-8, 3-9, 4-10, 5-11, 6-12).

• 마름모 배열법

점성학에 기초한 배열법으로 두 줄 배열법처럼 마주보고 있는 대립각의 위치에 있는 카드와의 연결성도 주의깊게 통찰해보는 연습을 통해서 직관력과 영감을 기르는 연습을 해볼 수 있는 배열법이다.

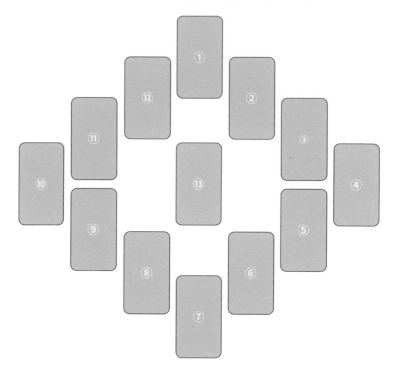

① 내담자의 본질·성격·적성·특징·외모와 취미 등 본인의 상태 ② 내담자에게 영향을 주는 사람이나 환경 ③ 가족 관계·학교·선후배·친구·네트워크 등 사회 관계망을 나타낸다. ④ 주거 공간과 환경·가정·아버지 ⑤ 즐거움과 창의적 영역·놀이·오락·게임·레저 ⑥ 건강과 질병 상태 ⑦ 배우자·결혼·우정·라이벌·동업 관계·파트너십 ⑧ 유산·상속 문제·재물·보험·부채·물질·투자 ⑨ 이상과 야망·해외·외국어·무역·여행·유학·외국·외국어 ⑩ 사회적인 평판·직업·명예·지위·명성·경력·윗사람 ⑪ 감정적인 에너지 부분(희망·기쁨·소망·행복·행운·단체·사교모임) ⑫ 정신적인 에너지 부분(자아·영혼·무의식) ⑬ 총운·결론·결실·성물

4부

슬기로운 타로상담사 되기

상담相談이란 문제를 해결하기 위해서 서로 좀 더 나은 최선책을 찾고자 의논하는 과정이다. 절대 일방적인 훈계나 충고가 아니라는 것이다. 아직도 '무섭게 잘 맞춘다', '카리스마가 있고 혼내듯이 상담해 준다', '그래서 내공이 느껴졌다'라는 고객들의 말을 종종 듣기도 한다. 그래야 뭔가 상담받은 느낌이 나고 실제로 그분의 말처럼 내 인생이 될 것 같은 강한 힘을 얻는다고 말하기도 한다.

학생들에게 상담실이란 어떤 곳인가요? 라고 물으면 대다수가 혼날수도 있겠다는 느낌이 먼저 들거나 가기 불편한 곳, 또는 무서운 곳이 먼저 연상된다고 한다. 상담실이 서로 편안하게 눈을 마주치며 같이 고민하고 울어주고 공감해 주는 곳 아닌가요? 라고 물으면, 비밀 보장이 되지 않을 거라는 걸 알아서 솔직히 말하기가 쉽지 않고 결국 자기는 또 혼날 것이라고 말하는 것을 상담 현장에서 종종 듣게 된다.

한편에서는 '정신과 상담을 받아보고 싶어요', '현재 우울증 약을 복용한 지 꽤 오래 되었어요', '병원의 역할과 이런 타로상담의 역할은 좀 다른 것 같아요', '상담센터에 가 보고 싶은데 가도 괜찮을까요?', '상담 선생님과 제가 궁합이 잘 맞을까요?' 라며 상담을 긍정적으로 활용하고 거부감이 없는 사람들도 많다.

상담이 대중화되고 우리의 삶 속에 적극적으로 들어오고 있다는 사실은 반가운 일이다. 그만큼 타로 심리상담사로서 자질 함양을 높이는 데 끊임 없는 노력과 성찰이 필요하다.

분명 타로는 서양의 점술에서 시작했고 동양의 주역과 마찬가지로 미래를 알려주는 점술의 역할이 있지만 누군가의 인생을 알려주는 중요한 일이므로 그 사람을 이해하려는 태도와 질문자의 마음을 헤아릴 수 있는 따뜻한 어머니의 마음을 가지고 상담에 임했으면 좋겠다. 아버지의 냉철하고 현실적인 조언과 자애로운 어머니의 따뜻한 공감 능력 두 가지로 무장된 타로리더가 되기 위한 최소한의 상담 상식을 적어보고자 한다.

상담 기초이론 I – 프로이트와 융

지그문트 프로이트(1856~1939)

오스트리아 정신과 의사이자 정신분석학 창시자이다.
1896년 정신분석psychoanalysis 용어를 처음 사용했으며 자
유연상 기법을 활용한 심리치료를 최초로 도입했다. 프로
이트는 인간의 마음은 의식·전의식·무의식 세 층으로 이
루어졌고 이것은 원초아id·자아Ego·초자아Super-Ego 등의
세 가지 속성이 결합되었다 보았다.

① 원초아

심리적 에너지의 근원인 본능, 무의식의 원천으로 원초적이고 학습되
지 않은 힘으로 구성된 단순하고 미발달된 어떤 속성으로 가치나 윤리나
논리라는 것이 작동될 여지가 없다.

② 자아

원초아의 욕구를 억누르거나 방어하며 인간을 이성을 가진 자기통제
가 강한 인간으로 만드는 정신적 구성 요소를 말한다. 우리가 흔히 '자기
Self'라고 생각하는 영역이다.

③ 초자아

부모를 통해서 말과 행동을 통해 내면화된 사화의 이상과 가치를 자아
에 요구한다는 점에서 초자아라 하였고 처벌과 보상을 통해 양심이라는
형태로 성격 일부를 구성하며 자아 이상의 형태로 자리잡고 있으며 우리
가 양심의 가책을 느끼고 반성하는 것은 초자아가 자아에 대한 가시와 평
가를 한 결과이다.

④ 의식

인간의 마음속에 담겨있는 것 중에서 스스로 인식하고 있는 것을 말한다.

⑤ 무의식

인간의 마음속에 담겨있는 것 중에서 스스로 자각하고 인식하고 있지 못하는 것을 말한다.

⑥ 정신적 결정론

인간의 행동이나 감정, 생각은 무의식에 의해 결정된다는 이론이다.

⑦ 방어 기제

마음의 평정심을 깨트리는 사건들이 내외적으로 발생했을 때 무의식적으로 자신을 속이거나 상황을 다르게 해석하여 감정적 상처로부터 스스로를 보호하기 위한 심리적 행위를 말한다. 대표적인 방어 기제로는 부정, 억압, 합리화, 투사, 승화 등이 있다.

• 억압repression

의식하기에 너무나 고통스럽고 충격적이어서 무의식 속으로 억눌러 버리는 것을 말한다.

• 부정denial

위협적 현실에 눈을 감아버림으로써 불안에 대처하는 방법이다. 사랑하는 사람의 죽음이나 배신을 인정하려 들지 않고 사실이 아닌 것으로 여기는 경우가 대표적이다.

• 반동 형성reaction formation

위협적인 충동에 대처하기 위해서 적극적으로 그와 반대되는 행동을 하면서 모면하는 경우를 말하며 싫어하는 사람에게 친절하게 대하는 것이 여기에 해당된다.

• 고착fixation

다음 단계로 나가는 것이 힘들 때 현재 상황과 단계에 그냥 머물러 버리는 것을 말한다. 어른다운 행동이 요구되는데도 아이의 언어 습관과 아이의 행동과 사고 수준에 머물러 있는 상태이다.

• 투사projection

자신이 수용하기 싫은 소망이나 충동을 다른 사람의 탓으로 돌리는 것이다. 자신이 화가 나 있는 것을 의식하는 대신에 타인이 자신에게 화를 냈다고 생각하며 주변을 탓하고 진실을 감추어 현실을 왜곡시킨다.

• 합리화rationalization

상처받지 않기 위해서 그럴 듯한 이유를 대어 교묘하게 포장하는 경우를 말한다. 여우의 신 포도가 좋은 예이다.

• 동일시identification

자신에게 기본적으로 부족하고 열등감을 느끼는 부분을 보완해 줄 수 있는 타인의 좋은 특성을 찾아 자신도 그런 특성을 소유하려고 하는 것을 말한다.

• 승화sublimation

자신의 충동과 갈등을 사회적으로 인정받는 형태와 방법을 활용하여 발산하는 것을 말한다. 프로이트는 위대한 예술가들은 성적 에너지 또는 공격적 에너지를 창조적 활동으로 돌린 대표적인 사람들이라고 설명한다.

칼 구스타프 융(1875~1961)

스위스의 정신의학자·심리학자·분석심리학자이며 집단무의식을 주장했다. 융의 분석심리학과 프로이트의 정신분석학적 차이는 리비도와 관련이 있는데 프로이트는 리비도를 성적 에너지라 주장했고 융은 마음의 에너지로 확장시키며 설명했다.

① 정신

정신은 의식, 무의식적인 모든 생각과 감정과 행동을 포함하며 독자적인 실체이다.

② 무의식

개인 무의식과 집단 무의식으로 구분되는데 개인은 어릴 때부터 쌓아온 경험이 무의식 속에 억압되어 그 사람의 생각과 감정, 행동에 영향을 미친다. 집단 무의식은 인류가 역사문화를 통해 공유해온 신화·민속·예술 등이 나타내는 주제에 그 민족의 집단 무의식이 자리잡고 있다.

③ 원형(arche type)

인류역사를 통해 물려받은 정신적 소인으로, 집단 무의식 속에 존재하는 형태를 가진 이미지나 심상을 말한다. 융이 중시한 원형에는 페르소나, 아니마와 아니무스, 그림자 등이 있다.

• 아니마anima와 아니무스animus

아니마는 남성에게 발견되는 여성적인 면을 가리키고, 아니무스는 여성에게서 발견되는 남성적인 면을 가리킨다. 거의 모든 인간에게서 나타나며, 무의식의 상태로 집단 무의식의 형태로 존재한다고 보았다.

• 그림자

인간에게는 어둡고 사악한 동물적 측면이 자리잡고 있다고 보았다. 공격성과 잔인성, 부도덕성 등으로 그림자shadow처럼 인간 행동 뒤에 숨어 있지만 자신도 모르는 사이에 언제든지 겉으로 드러날 수 있다. 그림자가 존재한다는 증거로 원시미술과 신화, 꿈 속의 귀신을 예로 들었다.

• 페르소나

인간의 원형과 본성이 있는 그대로 표현되지는 않는다 보았는데 겉으로 드러나고 외부로 표출되는 자아를 페르소나persona라 하였다. 페르소나는 가면이고 남들에게 좋은 인상을 주거나 자신을 은폐하기 위해서 만드는 공적 얼굴이다.

• 자기

모든 의식과 무의식의 실체로 인생의 결정적 변화 시기인 중년기에 나타난다. 자기의 모든 것을 볼 수 있는 원형의 하나이며 자신이 의식하지 못하던 콤플렉스나 원형을 의식하게 되면 의식세계가 확장되면서 자아와 자기가 가까워진다. 이를 개성화라 한다.

상담 기초이론 II – DSM-5 정신 장애

저자는 060 전화상담 사이트를 운영하고 10여 년간 전화상담을 하면서 일부 내담자들은 횡설수설하거나 왜 이런 주제로 비싼 상담료를 지불하며 상담을 할까? 의문을 품었던 적이 있었다. 술을 마시고 했던 말을 몇 시간이고 반복하며 내 인내심을 테스트하는 수많은 고객들을 경험하며 그들이 이상한 것이 아니라 마음이 아픈 사람들이란 것을 깨닫고 되었고, 스스로 타로가 단순히 길흉을 맞추는 점술도구에 그쳐서는 안 된다는 확신을 더 갖게 해주는 계기가 되었다.

요즘 현대인들은 정신병 하나 정도씩은 다들 가지고 있다는 우스갯소리를 할 정도로 많은 스트레스를 받고 사는 세상이 되었다. 더구나 21세기는 사람과 아이컨택을 하며 소통하는 대면 세상보다 비대면 온라인 세상에서 더 진한 외로움을 느끼는 사람들이 급증하는 시대가 올지도 모른다.

진정한 타로리더란 전화상담이나 대면상담을 통해서 한 사람의 생명을 살릴 수도 있는 성스러운 일을 한다는 직업의식을 가졌으면 좋겠다. 때론 그들을 정신과에 연계해 주어야 할 수도 있고 상담센터나 사회복지 시설에 연계를 할 수도 있는 중간다리 역할을 한다고 생각한다.

전문상담이론을 이 책에 모두 담을 수는 없지만 그중 세계적으로 통용되고 있는 이상심리Mental disorder 분류체계인 DSM-5 정신 장애의 유형을 참고자료로 올려본다.

DSM(정신 장애의 진단 및 통계편람)은 미국정의학협회(American Psychiatric Association)에서 출간된 것으로 정신 장애의 진단과 체계적인 분류를 위해 편람된 책이다.

DSM-5에 포함돼 있는 정신 장애의 범주

정신 장애 분류	하위 장애
1. 신경발달 장애 (Neurodevelopmental Disorders)	지적 장애, 의사소통 장애, 자폐 스펙트럼 장애, 주의력 결핍/과잉 행동 장애, 운동 장애
2. 조현병 스펙트럼 및 기타 정신병적 장애 (Schizophrenia Spectrum and Other Psychotic Disorders)	분열형 성격 장애, 망상 장애, 단기 정신병적 장애, 정신 분열형 장애, 조현증, 분열 정동 장애
3. 양극성 및 관련 장애 (Bipolar and Related Disorders)	제1형 양극성 장애, 제2형 양극성 장애, 순환성 장애
4. 우울 장애 (Depressive Disorders)	주요 우울 장애, 월경 전 불쾌 장애, 파괴적 기분 조절곤란 장애
5. 불안 장애 (Anxiety Disorders)	범불안 장애, 특정 공포증, 광장 공포증, 사회불안 장애, 공황 장애, 분리불안 장애, 선택적 무언증
6. 강박 및 관련 장애 (Obsessive-Compeulsive and Related Disorders)	강박 장애, 신체변형 장애, 저장 장애, 모발뽑기 장애, 피부 벗기기 장애
7. 외상 및 스트레스 사건 관련 장애 (Trauma and Stress-Related Disorders)	외상 후 스트레스 장애, 급성 스트레스 장애, 반응성 애착 장애, 탈억제 사회 관여 장애, 적응 장애
8. 해리 장애 (Dissociative Disorders)	해리성 기억상실증, 해리성 정체감 장애, 이인증/비현실감 장애
9. 신체증상 및 관련 장애 (Somatic Symptom and Related Disorders)	질병불안 장애, 전환 장애, 허위성 장애
10. 급식 및 섭식 장애 (Feeding and Eating Disorders)	신경성 식욕부진증, 신경성 폭식증, 폭식 장애, 이식증, 반추 장애, 회피적/제한적 음식섭취 장애
11. 배설 장애 (Elimination Disorders)	유뇨증, 유분증
12. 수면-각성 장애 (Sleep-Wake Disorders)	불면 장애, 과다수면 장애, 수면 발작증, 호흡 관련 수면 장애, 일주기 리듬수면-각성 장애, 악몽 장애, REM 수면행동 장애, 초조성 다리 증후군

13. 성기능 장애 (Sexual Dysfunctions)	남성 성욕감퇴 장애, 발기 장애, 조루증, 지루증, 여성 성적 관심/흥분 장애, 여성 절정감 장애, 생식기-골반 통증/삽입 장애
14. 성 불편증 (Gender Dysfunctions)	
15. 파괴적, 충동 통제 및 품행 장애 (Disruptive, Impulse-Control, and Conduct Disorders)	적대적 반항 장애, 품행 장애, 반사회적 성격 장애, 간헐적 폭발성 장애, 도벽증, 방화증
16. 물질-관련 및 중독 장애 (Substance-Related and Addictive Disorders)	물질 관련 장애(물질 사용 장애, 물질 유도성 장애(물질중독, 물질 금단, 물질/약물 유도성 정신 장애), 비물질 관련 장애(도박 장애)
17. 신경인지 장애 (Neurocognitive Disorders)	주요 신경인지 장애, 경도 신경인지 장애, 섬망
18. 성격 장애 (Personality Disorders)	A군 성격 장애(편집성, 분열성, 분열형), B군 성격 장애(반사회성, 연극성, 경계선, 자기애성), C군 성격 장애(회피성, 의존성, 강박성)
19. 성도착 장애 (Paraphilic Disorders)	관음 장애, 노출 장애, 접촉 마찰 장애, 성적 피학 장애, 성적 가학 장애, 아동 성애 장애, 성애물 장애, 의상 전환 장애
20. 기타 정신 장애 (Other Mental Disorders)	

MEMO

Q 남편이 사업 실패 이후 도박에 빠졌어요. 계속 저를 속이고 제 지인들한테까지 돈을 빌려 도박 자금을 마련한 것을 알고 가족들이 중독센터에 강제로 보낸 상태입니다. 고칠 수 있을까요?

A ① 남편분의 사업 실패로 가족들의 경제적 고통이 얼마나 힘들었을지 짐작이 갑니다.

② 현재 중독센터에서 도움을 받고 있다니 다행이네요. 이런 결정을 내리기까지 많은 시행착오가 있으셨을 텐데 그래도 단호한 결정이 옳았다고 보입니다.

③ 다만 도박에 의존하는 남편분의 약한 마음이 지속되는게 안타깝네요. 하루아침에 고쳐지지는 않겠지요. 가족들이 함께 기관의 도움을 당분간은 믿고 지켜보시는 게 좋을 듯합니다.

실전 TIP 현재 카드가 메이저로 긍정이므로 내담자가 인내심을 가지고 노력한다면 좋은 결과를 얻을 수 있을 것이다.

Q   3년 사귄 남자친구가 성기능 장애가 있다고 고백을 했어요. 의
      학적으로 오랫동안 성행위를 할 수 있는 약을 불법으로 구매
      해서 저한테도 함께 하자며 강요합니다. 어떻게 해야 하나요?
      저는 신고라도 해서 끊자고 말하고 싶네요.

A   ① 남자친구의 고백에 충격과 상처가 얼마나 컸을지 짐작이 갑
      니다. 헤어져야 한다고 생각하면서도 헤어지지를 못하셨네요.
      ② 악몽도 꾸고 깊은 잠을 못 주무시며 걱정하고 계세요. 이런
      상황이 앞으로도 지속된다면 어떻게 하시겠어요?
      ③ 안타깝지만 남자친구는 내담자님의 설득에 전혀 미동도 하
      지 않고 도덕적으로도 개의치 않는 것 같습니다. 약물 사용을
      끊을 생각이 전혀 없는 듯 보입니다. 현명한 판단을 내리시길
      바랍니다.

실전 TIP   세 장 모두 부정으로 나왔고 과거 메이저 카드가 역방향이므
      로 오랫동안 지속되어 왔던 일임을 알 수 있다.

  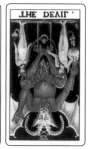

Q   30대 초반의 딸을 둔 엄마입니다. 아이가 고등학생 때부터 다
    이어트를 했었는데 지금은 20년째 거식증으로 정신병원을 수
    도 없이 다녔고 경찰서에도 많이 다녔어요. 딸인데 결혼은 시
    킬 수 있을까요? 이 고통이 멈추는 날이 올까요?

A   ① 자식을 키우는 부모님이라면 누구라도 공감하실 겁니다. 지
    난 20년간 얼마나 힘드셨을까요? 해볼 수 있는 수많은 방법을
    모두 시도해 보고 합리적인 결정을 못 내리셨을 겁니다. 법적
    으로 연루가 되었던 소소한 사건 중 아직 해결이 안 된 문제들
    도 보이는군요.
    ② 고등학생 때부터 시작됐던 아버지와의 갈등이 시작이라고
    하셨는데요. 우울증까지 있고요. 어머님의 우울증도 같이 치
    료받고 있는 상황이라고 하셨고요.
    ③ 미래 카드가 음식에 대한 집착이 쉽게 끊어지지는 않을 것
    으로 보입니다. 다만 내담자님께서 그 모든 것을 다 해 봤고,
    그래도 딸을 포기하지 않겠다는 어머님의 의지에 저는 박수를
    보냅니다. 말씀하신 대로 최면 치료도 해보시겠다고 하니 이
    번에는 꼭 성공하시길 기원하겠습니다.

실전 TIP 딸의 치료에 대한 부분은 세 장 모두 부정으로 나왔지만 딸을
        고쳐 보려는 어머니의 의지가 느껴져서 희망적인 메시지를 주
        고 마무리해 드렸다.

Q   아버지가 20년째 뜬구름 잡는 사업에만 손을 대고 가족의 돈
         을 모두 탕진하고 있습니다. 정신과에서는 망상장애라고 진단
         을 내렸습니다. 어떻게 하면 좋을까요?

A   ① 가족 모두가 아버지 때문에 많이 힘드셨겠습니다. 아버지
         가 성공해서 가족들에게 인정받고 싶은 욕심에 끊임없이 사업
         시도를 하셨나 봅니다. 성공에 대한 과도한 욕심과 탐욕을 상
         징하는 카드가 나오네요.
         ② 하지만 현실은 많이 힘들고 이제는 그만 손을 떼어야 한다
         고 말하고 있습니다.
         ③ 미래 카드가 조만간 아버지에게 일어나 사건사고를 암시합
         니다. 아버지께서 또 다른 일을 벌일 가능성이 있어 보여요. 가
         족들이 대비를 하시거나 도움을 요청하셔야 할 듯 보입니다.

실전 TIP 내담자는 아버지가 해외로 향후 사업 자금을 마련한다고 나가
         셨다가 낙상 사고를 당하여 요양 병원에 입원하셨다고 전화를
         주셨다.

상담 기초이론 III - GROW 코칭 기법

현재가 괴롭고 힘든 이유는 분명 과거에 원인이 있고 그 문제부터 짚고 끌어 올려 상담하는 전문 심리상담가들은 오랜 수련을 해야만 한다. 여러 상담기법이 있겠지만 가볍게 위로와 힐링이 되어주는 초보 상담사로서 알아두어야 할 상담기법으로 GROW 코칭기법을 소개하고 싶다. 타로상담을 받으러 오는 내담자들은 대부분 과거보다는 불안한 미래에 대해 희망의 메시지를 듣고 싶어하기 때문이다. 코칭은 개인의 잠재능력을 깨우치고 내담자가 직면한 문제를 슬기롭게 해결할 수 있도록 돕는다. 코칭기법에서 가장 많이 활용되는 GROW 모델로 타로상담일지를 적어보자.

GROW Coaching Model

G	목표(goal)	단기 및 장기목표
R	현실(reality)	현재 상황 및 문제 탐색
O	옵션(option)	해결 가능한 대안
W	의지(will)	실행해야 할 일과 시기

John Whitmore는 저서 '성과코칭Performance Coaching'에서 4가지 핵심요소를 단계별로 제안했다. 물론 순서를 반드시 지켜야 할 필요는 없고 그중 일부만 사용해도 무방하다. 타로상담 시 내담자의 사업이나 취업, 공부, 진로적성 등 진취적으로 미래를 변화시키고자 하는 의지가 있는 내담자들을 위한 상담기법으로 활용해 보기 바란다.

Goal	당신의 목표는 무엇인가요?
	왜 이 목표를 달성하고 싶은가요?
	이 목표를 달성한다면 얻게 되는 게 무엇이 있을까요?
	무엇을 바꾸고 싶은가요?
	내담자분이 생각하는 성공은 어떤 모습인가요?
	정해진 기간 안에 목표를 달성할 수 있을까요?
	그 결과가 현실적인가요?
	목표를 달성하지 못하면 어떻게 될까요?
	목표를 달성했다는 것을 어떻게 확인할 수 있나요?
	목표달성에 방해가 되는 것이 있나요?
	현재 결과는 어떻습니까?
	현재 잘 진행되고 있는 부분은 어떤 게 있나요?
	도움을 주고 있는 사람이 있나요?
	목표를 향한 과정에서 놓치고 있는 것이 있다면 무엇일까요?
	당신이 지금까지 했던 시도나 노력을 설명해 주시겠어요?
Reality	오늘은 어떤가요?
Option	가능한 대안은 무엇인가요?
	누가 당신에게 도움을 줄 수 있나요?
	이 대안의 장점은 무엇인가요?
	다른 대안은 무엇인가요?
	이 옵션을 선택하면 어떤 위험이 있나요?
	가장 좋아하는 대안은 무엇인가요?
	이 옵션에 대해 어떻게 생각하시나요?
Will	가장 먼저 해야 할 일은 무엇입니까?
	언제 시작하실 건가요?
	무엇을 하시겠습니까?
	실행하지 않으면 어떻게 됩니까?
	어떤 종류의 도움이 필요한가요?
	무엇을 하시겠습니까?

유능한 타로리더가 되기 위해 자신의 상황과 실력을 점검해보고 GROW 모델로 셀프코칭 해 보자.

Goal	
Reality	
Option	
Will	

유능한 타로리더가 되기 위한 질문 기법

우리는 모두 아픈 곳이 있으면 병원에 간다. 병원에 가서 문진표를 작성하는 것을 당연하게 여긴다. 문진표를 작성하는 이유는 환자의 기본 정보를 파악하여 환자에 맞는 맞춤 치료와 약 처방을 위한 기본 과정이기 때문일 것이다. 타로리더도 고객과 상담하기 전에 반드시 질문을 해야 한다. 하지만 현장에서는 길흉을 맞춰야 한다는 강박관념 때문에 타로카드 읽기에만 급급해 무엇을 물어봐야 하는지 모르겠다고 말하는 리더들이 많다. 아무렇지도 않게 자연스럽게 질문하면 된다.

내담자의 질문에 답이 있다

내담자는 '연애운 봐 주세요'라는 질문만 던진다. '연애경험이 없어서 연애운을 보고 싶어요', '왜 저는 연애를 못 할까요?', '왜 저는 연애가 100일을 못 넘길까요?', '헤어졌는데 새로운 인연이 오는지 알고 싶어요', '지금 싸웠는데 다시 연락이 올까요?', '짝사랑하는 사람이 있는데 어떻게 마음을 전달할 수 있을까요?', '저 말고 다른 사람이 생겼는지 궁금해요', '마음이 식었는지 궁금합니다', '왜 연락이 없는지 불안해요', '제가 포기해야 하는 건지 믿고 기다려야 하는 건지 궁금해요' 등 이 모든 질문을 하고 싶으나 처음부터 타로리더를 믿고 구체적으로 마음을 털어놓지는 않는다. 그냥 '연애운 봐 주세요'다.

질문의 유형
• 개방적 질문과 폐쇄적 질문

개방적 질문은 포괄적으로 대답할 수 있는 내담자의 관점이나 의견, 생각과 감정까지도 끌어낼 수 있다. 폐쇄형 질문은 한정된 답변, Yes/No 같은 단답형의 답변을 기대할 때 할 수 있다.

남자친구와 다툰 후에 기분이 어떠셨어요?	남자친구와 다툰 후에 기분이 나빴죠?
동업자와 사업 문제로 어떤 일이 있었나요?	동업자와 사업 문제로 트러블이 있었나 봐요?

• 간접질문과 직접질문

간접질문은 넌지시 물어보는 것이고 직접질문은 직설적으로 물어보는 것이다.

당신은 배우자를 어떻게 생각하세요?	당신은 배우자를 어떻게 생각하시는지 궁금합니다.
회사 측의 프로젝트 결과 처리에 대해 어떻게 생각하십니까?	회사 측의 프로젝트 결과 처리에 대해 어떻게 생각하시는지 궁금합니다.

질문의 시기

• 타로리더가 내담자 말을 잘 못 들었거나, 무슨 말을 하고 있는지 이해할 수 없을 때 죄송합니다만 지금 하신 말씀의 뜻이 무엇인지 조금 더 쉽게 설명해 주시겠어요?

• 내담자 생각이나 감정을 명료화할 필요가 있을 때 남자친구가 연애할 때 지나치게 명령적이라고 하셨는데 어떤 경우에 명령적인지 말씀해 주시겠어요?

• 내담자를 충분히 이해하기 위한 정보가 필요할 때 시어머니가 며느님을 괴롭히셨다고 하셨는데 다른 가족들은 선생님을 위해 어떤 노력을 하셨는지 말씀해 주시겠어요?

• 망설임 때문에 말을 더 하지 못할 때 뭔가 더 말씀하고 싶거나 궁금하신 부분이 있으시다면 편하게 마음껏 해 주셔도 됩니다.

요약하기

상담의 마지막 종결에 내담자가 궁금해하고 답답해했던 부분을 다시 한번 요약하여 정리해주고 희망의 메시지를 전달하고 마무리한다.

실전 해석하기

① 질문과 내담자의 wish를 파악했다면 스프레드를 펼치고 리딩을 해서 전체적인 흐름을 잡는다.

② 긍정 카드와 부정 카드가 얼마나 나왔는지 파악한다.

긍정-긍정-긍정	전체적인 운의 흐름을 밝게 해석한다.
부정-부정-부정	전체적으로 부정적인 결과로 해석한다.
부정-부정-긍정	부정적으로 흐르다가 내담자의 상황이나 의지로 긍정으로 전환되는 경우로 해석한다.
긍정-긍정-부정	긍정적으로 흐르다가 예기치 않은 상황이나 내담자의 의지가 꺾이거나 부정적으로 전환되는 경우로 해석한다.

③ 메이저 카드와 마이너 카드의 구성 비율을 파악한다. 메이저 카드는 해석의 중요한 실마리를 상징하므로 내담자의 주변 환경이나 상황 또는 인물의 핵심 열쇠임을 인지하고 질문하여야 한다.

④ 원소별 구성 비율을 파악한다. 켈틱 크로스 배열법이나 5장 배열법의 경우 5장 이상 Wands가 나오거나 7장 이상 Cup 카드가 주를 이루었을 경우 눈여겨 볼 필요가 있다. 내담자의 문제 해결 능력이나 기질이 특정 원소에 치우쳐 감정적으로 해결하려 하거나 일을 무모하게 해결하려 하는지 파악하여야 한다.

⑤ 주변 카드와의 조화와 연결고리를 생각한다. 키워드 위주로 암기하여 맞추려 하면 스토리텔링이 자연스럽게 되지 않는다. 내담자와의 질문을 통해서 카드가 보이게 된다. 같은 카드라도 위치에 따라, 상황에 따라, 주변에 어떤 카드가 있냐에 따라 다른 의미로 달라질 수 있다는 것을 염두에 두고 상담에 임한다.

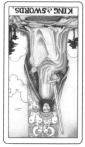

Q   14년 키우던 강아지가 다리 수술을 해야 하는데 수술비가 500
    만 원이라고 합니다. 저는 강아지도 가족이니까 당연히 해야
    한다고 생각하는데 남편이 반대를 합니다. 남편을 설득할 수
    있을까요?

A   ① 남편은 단호하게 본인의 생각을 관철시키며 가족 의사를
    무시한 채 수술을 반대하고 계십니다.
    ② 하지만 내담자님께서는 강아지에 대한 마음을 포기할 수
    없고 가족의 도리를 계속 주장하고 계시군요. 정도 많고 사랑
    도 많은 분이세요.
    ③ 다행히 가족 모두 강아지를 수술하는 쪽을 선택하실 겁니
    다. 걱정하지 마세요. 수술을 잘 끝낼 겁니다. 행복한 가족의
    모습이 그려집니다.

실전 TIP   Queen of Cups의 역방향을 부정이라고 보기에 다소 무리가
    있긴 하지만 그만큼 내담자의 강아지에 대한 사랑의 감정이
    남편의 마음을 움직이는 쪽으로 해석의 초점을 맞춰 보도록
    하자.

Q   20대 대학생입니다. 1년 사귄 남자친구 집에 놀러갔는데 다른
     여자와 함께 있는 것을 보고 충격을 받았어요. 이대로 끝내야
     하는 것일까요? 바로 어제만 하더라도 저에게 1주년 여행을 가
     자며 여행 계획까지 세웠는데 어이가 없습니다.

A   ① 사랑 카드는 분명 사랑하는 사이라는 사실에는 변함이 없
     습니다. 다만 안타까운 것은 사랑이 반드시 한 명이 아닐 수도
     있다는 사실이지요.
     ② 이 일로 내담자님과 남자친구는 당연히 싸울 것이고 갈등
     은 지속될 것입니다.
     ③ 미련도 남고 아쉬움도 남지만 결국 두 분은 이별하게 됩니다.

실전 TIP 3장의 스프레드 중 메이저 카드가 2장이나 나왔다. 메이저
     카드에 초점을 맞추고 해석하자.

Q   30대 직장인입니다. 알뜰하게 모았다고 생각했던 3천만 원을 선배가 확실하다고 투자하라고 권하는 바람에 비트코인에 투자를 했습니다. 6개월이 지났는데 계속 하락만 하고 있네요. 원금 손실이 나지 않을까 걱정이 됩니다. 전 원금이라도 돌려받고 싶습니다. 손해 보지는 않겠지요?

A   ① 신중하게 생각하지 못하고 성급하게 투자를 하셨습니다.
② 그럼에도 불구하고 여전히 투자금액 대비 이득을 원하고 있는 마음이 느껴집니다.
③ 다행히 큰 이득은 아니지만 원금은 유지하실 수 있는 것으로 보입니다. 원금 손실이 일어나지는 않으니 걱정하지 마시기 바랍니다.

실전 TIP   금전 문제를 나타내는 3장 스프레드에 물질 원소인 펜타클이 나왔다. 펜타클이 시사하는 메시지에 초점을 맞춰 해석하자.

Q   60대 여성입니다. 공직에 있다가 은퇴한 남편이 귀농하자고 저를 설득하는데 저는 도시가 좋습니다. 내려가면 너무 심심하고 외로울 것 같아요. 남편 고향으로 내려가서 농사 짓고 잘 지낼 수 있을까요?

A   ① 귀농하자는 남편의 의견에 반대하고 계시는 내담자분의 마음이 느껴집니다. 하지만 남편의 고향이라는 이유로 감정적으로 거부하고 계시는 듯합니다.

② 하지만 남편분의 고집을 꺾기가 쉽지 않으시겠네요. 내려가고 싶지는 않지만 그래도 가족이기 때문에 함께 고향으로 내려가는 것을 선택하실 듯합니다.

③ 내담자님께서 걱정하시는 거와는 달리 주변에서 많이 도움을 받으실 테니 걱정하시지 않아도 될 듯합니다. 시댁 식구들과 주변의 지역 사회 사람들과 함께 즐겁게 생활하실 겁니다.

실전 TIP   3장 스프레드 모두 마이너 카드만 나왔다. 그중 Wands 원소에 초점을 맞추어 해석해보자.

Q 연애운 보고 싶어요. 저에 대한 이 남자 마음이 궁금하네요. 1
년 정도 사귀다가 동거 중인 커플입니다. 왜 연락도 없이 나가
버렸는지 저도 잘 모르겠고 지금은 저를 모두 차단한 상태입
니다.

A ① 과거 두 분의 감정이 서로 다른 곳을 향하고 있습니다. 서로
기대했던 사랑의 크기가 달랐고 그 부분에서 갈등이 심하셨네
요. 본인은 충분히 잘해 주고 최선을 다했는데 만족하지 않는
상대방에 대한 서운함을 많이 토로하셨던 것 같습니다.
② 지금도 남자친구를 향한 사랑과 아직은 포기하고 싶지 않
고 더 많은 사랑을 받고 싶어하는 마음이 느껴집니다.
③ 하지만 안타깝게도 미래 카드는 남자친구의 마음이 쉽게
열리지 않는 걸로 보입니다. 과거 어떤 부분에서 서로에게 소
원함을 느꼈는지에 대해 충분한 대화를 통해 이해가 되지 않
는다면 관계 회복이 조금 어려울 듯 보입니다.

실전 TIP 3장의 스프레드 모두 마이너 카드 중 Cup 원소로만 이루어져
있고 모두 다 역방향이다. 내담자가 감정이 격양되어 있으며
이성적 판단이 어려운 상황임을 알 수 있다.

타로 상담일지 작성하기

실전 상담해석을 해 보았다면 상담일지를 통해서 오늘 나의 상담이 내담자에게 도움이 되었는지 나 스스로를 점검해보는 타로일지를 써보는 것이 좋다.

예시 1

① 너무 성급하게 결론을 내려준 상담이었다.

② 내담자에게 꿈과 이상을 심어주는 상담이 장점이라고 생각한다.

③ 인내심을 가지고 경청할 필요가 있다.

예시 2

① 지나치게 희망적인 이야기만 해준 상담이었다.

② 도덕적 규범의 틀에 아직도 많이 얽매여 벗어나지 못하고 있다.

③ 확장된 사고와 오픈 마인드를 보완해야겠다.

예시 3

① 불편한 상담 주제로 스스로가 오픈이 되지 않는 상담이었다.

② 스트레스에 취약하다.

③ 좀 더 성찰하는 마음이 필요하다.

MEMO

타로 심리상담사 예상 문제

3급 예상 문제

1. 다음 중 메이저 카드가 아닌 것은?
① 황제 카드 ② 타워 카드 ③ 궁정 카드 ④ 심판 카드 ⑤ 바보 카드

2. 연예인이 되고 싶어하는 내담자가 상담하러 왔을 때 다음과 같은 카드가 나왔다면 어느 카드가 가장 연예계 진출에 적절할까?
① 달 카드   ② 별 카드   ③ 전차 카드 ④ 정의 카드 ⑤ 황후 카드

3. 타로카드의 4원소가 아닌 것은 ?
① 물   ② 불   ③ 흙   ④ 공기   ⑤ 나무

4. 현존하는 가장 오래된 카드는?
① 자크맹 그랭고노가 그린 카드
② 심볼론 타로카드
③ 르노르망 타로카드
④ 유니버셜 웨이트 타로카드
⑤ 마르세이유 타로카드

5. 0번 광대 카드의 키워드에 대한 설명입니다. 옳지 않은 것은?
① 자유로움
② 새로운 출발
③ 낙천적인 사람
④ 보수적인 사람
⑤ 어리석은 실수

6. 아래의 키워드에 해당하는 카드를 고르세요.

> 특정분야의 전문가, 대인관계에 다소 어려움을 겪는 사람,
> 탐구정신과 지혜로움, 조언자, 외톨이, 자연인

①  ②  ③  ④  ⑤

7. 메이저 카드가 아닌 것을 고르세요.

①  ②  ③  ④  ⑤

8. 다음 두 카드의 공통점을 설명한 것 중 바른 것은?

① 관계에서 시작된 갈등과 화합을 다루고 있다.
② 안정과 토대를 상징한다.
③ 새로운 시작을 상징한다.
④ 최초의 완전수를 상징한다.
⑤ 모든 숫자의 어머니를 상징한다.

9. 다음의 배열법에 대한 설명으로 바르지 못한 것은?

> 30대 초반의 여성으로 공무원 시험에 2번 낙방했습니다. 마지막으로 한 번 더 도전해 보려고
> 하는데요. 합격할 수 있을까요?

① 힘 카드는 오랫동안 참고 인내해왔음을 상징한다.

② 전차 카드에서 말이 앉아 있으므로 의욕이 없음을 상징한다.

③ 마법사 카드는 내담자 본인을 상징한다.

④ 마법사는 지혜롭게 어려움을 극복할 힘 있는 사람이다.

⑤ 전차 카드는 성과나 목표지향적 성공욕구를 나타낸다.

10. 다음 카드의 상징체계에 대한 설명으로 바르지 못한 것은?

① 벌거벗은 두 남녀: 부끄러움을 모르는 순수한 교류 상태

② 서로 다른 시선: 서로 다른 마음

③ 숫자 6: 최초의 완전수

④ 붉은날개의 천사: 중재인

⑤ 뱀: 강력한 유혹

1. 타로카드에 관한 설명 중 옳지 않은 것은?
① 역방향이란 카드가 거꾸로 배열되는 것을 의미한다.
② 타로 덱은 22장의 메이저 카드만으로 이루어져 있다.
③ 타로카드를 섞는 것을 셔플이라고 한다.
④ 한 슈트는 숫자 카드와 코트 카드로 이루어져있다 .
⑤ 코트 카드는 소년, 기사, 여왕, 왕으로 이루어져 있다.

2. 20세기 타로 전성시대를 만들어내는 데 영향을 준 영국의 신비주의 비밀단체이며 타로에 이론을 정립하고 카발라, 점성학을 연계하고 발전시킨 단체의 이름은 무엇인가?
① 황금새벽회
② 아르카나
③ 카발라
④ 올드 잉글리쉬
⑤ 유니버셜 웨이트

3. 타로발전에 영향을 준 서양사상이나 활동단체가 아닌 것은?
① 신비주의
② 초월마법교회
③ 황금새벽회
④ 민주주의
⑤ 프랑스혁명

4. 다음중 타로와 숫자의 상징체계 중 바르지 못한 것은?
① 1: 최초의 시작, 모험, 창조

② 2: 균형, 평형, 상호

③ 3: 협업, 성장, 최초의 완성

④ 4: 우정, 여성, 유일한, 모험

⑤ 5: 혁신, 결혼, 결합

5. 다음 중 코트 카드의 상징이나 의미에 속하지 않는 것은?

① 여왕　　② 황제　　③ 기사　　④ 왕　　⑤ 소년

6. 다음 중 마이너 카드의 4원소에 속하지 않는 것은?

①　　　　②　　　　③　　　　④　　　　⑤

7. 다음 네 장의 코트 카드와 가장 관련이 있는 메이저 카드는?

① 교황 카드　② 황후 카드　③ 전차 카드　④ 바보 카드　⑤ 힘 카드

8. 역방향 리딩에 대한 설명으로 바르지 못한 것은?

① 역방향이란 무조건 반대로 해석하면 된다.

② 카드의 의미가 더 강화된다는 뜻이다.

③ 카드의 의미가 더 약해진다는 의미이다.

④ 역방향이란 해석하는 사람 입장에서 거꾸로 뒤집어진 상태를 말한다.

⑤ 정방향만 보게 되어 있는 카드들도 존재한다.

9. 다음 사례 관리에 대한 설명으로 바르지 못한 것은?

30대 초반 동갑 연인의 연애운입니다. 3년 정도 연애를 했습니다. 결혼까지 갈 수 있을까요?

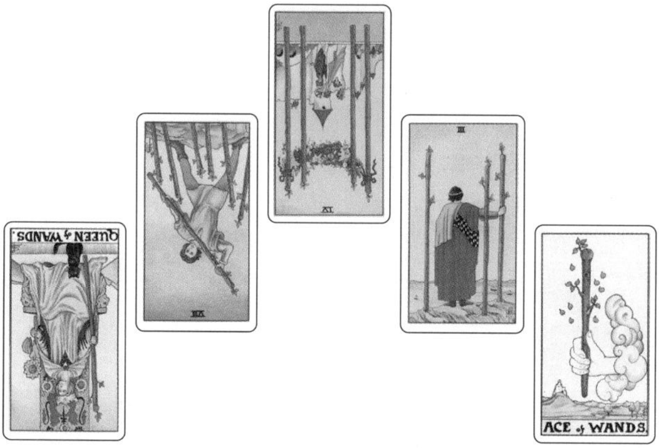

① 내담자 여성은 연애에 굉장히 소극적인 자세로 임하고 있다.

② 5장 모두 불의 원소로 적극적 해결의지를 상징한다.

③ 3개월 안에 결혼을 위한 작은 움직임이 보일 것으로 예측된다.

④ 말발굽 배열법을 사용하였다.

⑤ 결혼이 성사될 것으로 예측할 수 있다.

10. 우연의 일치와도 같은 의미 있는 연관성에 대한 동시성이론을 타로상담과 점성학에 접목시킨 스위스의 심리학자는?

(   )

정답 | 1. ② 2. ① 3. ④ 4. ④ 5. ② 6. ④ 7. ④ 8. ① 9. ① 10. 구스타프 융

부록

Q 78장 카드 중 한 장을 잃어버렸어요. 그냥 사용해도 되나요?

A 안타깝지만 새로 구입하셔야 합니다. 균형이 맞지 않는 상태에서 리딩을 하는 것과 같아요. 반드시 완전한 덱의 형태를 구비하신 상태에서 상담을 하길 바랍니다.

Q 역방향을 보지 않는 타로상담가도 있던데요. 정방향으로만 리딩하면 안 되는 건가요?

A 정방향으로만 해석할 수 있게 제작된 카드가 존재합니다. 제작자의 의도대로 사용하시면 됩니다.

Q 타로카드를 사용하지 않고 스마트폰 애플리케이션으로도 타로를 볼 수 있다고 하던데요, 믿을 수 있나요? 직접 뽑아야 하는 거 아닌가요?

A 타로카드를 들고 다니지 않아도 되는 시대가 되었습니다. 상담자의 집중력과 진중함이 더해진다면 애플리케이션을 이용해서도 충분히 상담이 가능합니다.

Q 타로는 짧은 미래만 볼 수 있다고 하던데 사실인가요?

A 대략적으로 3개월 전후의 미래가 나타난다고 보시면 됩니다. 하지만 기간을 정한다면 먼 미래까지도 볼 수 있습니다.

Q 메이저 22장만 가지고 리딩을 할 수도 있나요?

A 네, 22장 메이저만 가지고도 리딩을 할 수 있습니다. 또한 마이너 56장만 가지고도 리딩을 하기도 합니다. 코트 카드만 별도로 2벌을 가지고도 상담을 하기도 합니다.

Q 정방향·역방향 카드 키워드를 외우면 누구나 카드를 리딩할 수 있나요?

A 이 책에 수록된 키워드는 대표적인 핵심 키워드를 일부 정리해 놓은 것입니다. 수많은 임상과 연습을 통해 키워드와 문장을 확장하셔야 합니다.

Q 적혀있는 키워드대로 맞췄는데도 해석이 틀리다고 하던데요?

A 키워드에 의존한 해석은 한계가 있습니다. 고객의 니즈를 파악해서 정말 궁금한 것이 무엇인지에 따른 키워드를 적재적소에 확장하는 스토리텔링에 더 집중해 보시길 바랍니다. 어느 순간 카드가 말하는 의미가 통합적으로 보이기 시작하실 겁니다.

Q 저는 아이의 대학 진학 문제를 물어 봤는데 질문과는 전혀 다른 남편과의 갈등 문제를 풀이해 주시는 타로마스터님 때문에 당황했던 적이 있습니다. 왜 질문과 상관없는 카드가 나오는 걸까요?

A 내담자분의 무의식에 자리잡고 있는 갈등 요인의 표출이 먼저 나타나는 경우도 많고 집중하지 않고 상담에 임했을 때도 나오기도 합니다. 때론 중요한 문제는 감추고 그다지 중요하지 않은 문제를 질문할 때 나오기도 합니다.

Q 카드 5장, 10장에 나오는 내용을 모두 해석해 주어야 하나요?

A 반드시 모두 읽어줄 필요는 없습니다. 타로는 상담의 나침반 역할을 하는 도구일 뿐이지 카드 한 장 한 장에 집착해 반드시 읽어주고 중요하다고 의미를 부여하실 필요는 없습니다. 통합적으로 리딩해 주시면 됩니다.

Q '둘 중 어느 쪽을 선택해야 하나요?'라는 질문을 받았을 때 양자택

일법을 사용하는데요. A와 B 둘 다 좋지 못한 경우 난감한 경우가 많아요. 이럴 경우 어떤 답을 해주는 게 현명할까요?

A '어느 쪽을 선택해도 무방하다'가 좋겠지요. 둘 중 월등히 한 개가 더 좋아야만 선택의 가치가 높아질 텐데 A나 B나 무방하다는 것은 어느 것을 선택해도 좋다는 의미이니 내담자가 선택하게 해 주시면 됩니다. 둘 다 부정일 경우는 버리시고 다른 대안을 찾으셔야 되겠지요.

Q 같은 카드인데 타로리더들마다 해석을 다르게 하기도 하던데요?

A 기본적인 틀에서 벗어나지는 않으셔야 합니다. 상황이나 질문에 따라 주변의 카드에 따라 키워드가 확장되거나 리더들의 역량의 차이가 나는 것입니다.

Q 정말 실력 있는 리더들은 단 한 장의 카드로 모든 것을 읽는다고 들었는데 맞는 말인가요?

A 원카드 리딩으로 내담자의 모든 것을 알 수 있는 사람이 있을까요? 카드가 많아지면 집중도가 떨어질 순 있지만 단 한 장만으로 읽어내는 것이 실력 있는 것이라고 오인하셔도 안 됩니다.

Q 타로카드로 미래를 맞출 수 있는 확률이 몇 프로 정도 되나요?

A 미래를 100% 정확하게 맞춘다기보다는 예측한다가 맞는 표현인 듯 싶습니다. 시험에 합격한다는 카드만 믿고 공부에 손을 놓는다면 합격이 보장될까요? 타로카드는 과거와 현재의 상태를 유추하여 미래를 예측하는 것입니다. 예측하는 능력은 타로리더의 실력이 많이 좌우되는 부분이기도 합니다.

Q 타로카드는 미신이고 타로를 보면 운세가 안 좋아진다고 하던데요?

A 어떤 종교도 잘못 사용하면 사이비나 미신이 될 수 있다고 생각합니다. 타로를 지나치게 맹신하여 오늘 무엇을 먹을지 어떤 옷을 입을지 등 사사로운 모든 결정을 타로에 의지하지 않기를 바랍니다. 타로를 통해 사이비, 점쟁이로 전락할 수도 있고 활용도에 따라 삶의 활력소와 희망의 메시지를 주는 힐러가 될 수도 있는 것입니다.

Q 자기 자신의 점을 스스로 볼 수도 있나요?
A 타로로 본인의 점을 볼 수 있습니다. 다만 원하는 답이 나올 때까지 끼워 맞추려다 객관성을 잃을 수 있기에 주의가 필요합니다.

Q 다른 사람이나 현재 자리에 없는 사람의 점도 볼 수 있나요?
A 되도록이면 상대방이 부탁하지 않는 한 보지 않는 것이 예의입니다. 부탁은 받았으나 현장에 없을 경우에 타로마스터가 대신 봐줄 수는 있습니다. 비밀 유지는 기본이겠지요.

Q 상담할 때 향이나 초를 키우고 하던데 그런 의식이 꼭 필요한가요?
A 집중도를 높이기 위한 의식일 뿐이지 반드시 향이나 초를 피워야만 한다는 규칙이 있는 것은 아닙니다.

Q 카드를 뽑을 때 반드시 왼손으로 뽑으라고 하던데요?
A 이 또한 정해진 규칙은 없습니다. 상담자가 스스로 정한 규칙에 따라 어느 손을 사용하셔도 상관이 없습니다. 통상적으로 의식의 손은 오른손, 무의식의 손은 왼손, 이렇게 정해 놓았을 뿐 반드시 그렇다는 규칙이 있는 것은 아닙니다.

Q 조용한 곳에서 상담해야 잘 맞춘다고 하던데요?
A 조용한 곳에서 개인적으로 상담한다면 집중도 되고 좋겠지요. 하지

만 이벤트 장소라든지 많은 사람들이 모인 장소에서도 숙달된 리더라면 충분히 상담이 가능합니다.

Q 배열법이 굉장히 많던데요. 책에 나온 배열법을 준수해서 사용해야만 하나요?

A 1장 배열법부터 78장 모두를 사용하는 방법까지 배열법의 종류만 수백 가지가 넘습니다. 어떤 배열법이든 본인에게 맞는 배열법을 선택하시면 됩니다. 본인이 창작한 배열법도 상관 없습니다.

Q 드라마에서 죽음 카드가 나온 후 실제로 주인공이 죽는 장면이 있던데요. 정말 죽음 카드가 나오면 누군가 죽는 건가요?

A 고통스럽고 힘든 일이 생긴다는 뜻은 맞지만 반드시 가까운 사람의 죽음을 직접적으로 암시하지는 않습니다. 고통을 이겨내기 위한 새로운 도약이나 변화가 필요하다는 긍정의 메시지를 주기도 합니다.

Q 질문을 구체적으로 해달라고 하는데 질문 방법이 정해져 있나요?

A 질문이 구체적일 때 정확도가 높습니다. '금전운 봐 주세요'보다는 '1년 안에 5천만 원 벌 수 있을까요?'가 좀 더 구체적인 질문입니다. '애정운 봐 주세요'보다는 '지금 만나고 있는 사람과 결혼까지 갈 수 있는 인연인지 봐 주세요'가 좀 더 구체적인 질문입니다.

Q 우리나라에는 타로카드가 언제부터 유행하기 시작했나요?

A 88올림픽 전후로 세계문화가 유입되면서 유럽카드 수입이 시작되었고 2000년대 초반 유행했던 드라마 〈겨울연가〉에 운명의 수레바퀴가 나온 이후 대중적으로도 인기를 끌게 되었습니다.

Q 타로 역방향이 어렵습니다. 역방향의 기준은 누구를 중심으로 해야

하나요?

A 타로리딩은 상담자인 리더를 중심으로 합니다. 내담자가 앞에 있다고 해서 그 사람을 중심으로 정역을 구분하는게 아니라 타로리더가 보는 방향에서 정방향과 역방향을 구분하시면 됩니다.

Q 카드 한 장에 긍정과 부정의 뜻이 동시에 있는데 어떻게 해석을 해줘야 하나요?

A 모든 카드는 좋은 카드 나쁜 카드로 구분되지 않습니다. 동시에 긍정과 부정의 의미를 가지고 있기 때문에 타로리더의 역량이 많이 좌우합니다. 질문 내용을 들어보시고 주변 카드와의 연결고리를 찾아서 긍정으로 해석할지 부정으로 읽어야 할지를 통합적으로 보고 리딩을 해 주셔야 합니다.

검Swords

마이너 카드를 구성하는 네 가지 슈트 중 하나로 1~10번까지의 숫자 카드와 4장의 인물로 구성된 총 14장의 카드. 이성과 직관력, 분석력과 투쟁을 상징하는 원소이다.

공백 카드Blank card

타로카드는 총 78장이지만 실제로 한두 장 정도 더 들어있는 경우가 많다. 공백 카드는 그림만 있고 숫자나 이름이 적혀 있지 않다. 카드를 사용할 수도 있고 사용하지 않을 수도 있다. 여분의 카드라고 생각하면 된다.

덱Deck

타로카드 한 세트를 말하는 것으로 제조사마다 78장인 경우와 22장 또는 56장이나 36장 등 다양한 덱으로 이루어져 있다.

덱 프로텍터Deck protector

카드가 더러워지거나 손상되는 것을 막기 위해 씌우는 비닐 커버를 말한다.

동전Pentacles

마이너 카드를 구성하는 네 가지 슈트 중 하나로 1~10번까지의 숫자 카드와 4명의 인물로 구성된 총 14장의 카드. 금화라고도 하며 물질이나 금전·기술·학업·지식 등을 상징한다.

룬Runnes

고대의 알파벳 문자로 게르만족의 한 갈래인 고트족에서 유래되었다고 전해진다. '룬'이라는 단어는 '미스터리'라는 의미의 'run'을 어원으로 하고 있다. 직선으로 이루졌으며 라틴 문자와 비슷한 구조로 되어 있다. 룬 타로카드, 룬스톤 등 점술의 일종으로 사용되고 있다.

레이아웃Layout

상담을 하기 위해 카드를 배열하는 것으로 배열법 또는 스프레드라고도 표현한다.

리딩Reading

내담자의 질문에 답을 주기 위해 타로를 해석하는 것을 말한다.

메이저 카드Major card

22장으로 이루어졌으며 0번 바보 카드에서 21번 세계 카드까지 태어나서 죽음에 이르는 인생을 살다 겪게 되는 성장 과정을 그린 중요한 상징을 담은 카드를 말한다.

모던 타로Morden tarot

20세기 초 영국의 황금새벽회에서 라이더 웨이트 타로를 만든 이후 현대까지 만들어진 타로카드를 모던 타로라고 말한다. 모던 타로에서 처음으로 마이너 카드에 등장인물에 상징성을 부여하였고 모던 타로는 대부분 라이더 웨이트 타로의 상징 체계를 따르고 있다.

배열법Spread

펼친다는 뜻으로 타로리딩을 하기 위해 질문에 맞는 다양한 배열법을 사용한다. 레이아웃이라고도 한다.

셔플Shuffle

그림이 보이지 않게 카드를 뒤집어서 섞는 것을 말한다. 같은 카드가 뽑히지 않게 하기 위해 질문할 때마다 셔플을 다시 해야 하며 바닥에 놓고 원을 그리듯이 섞거나 손에 들고 직접 섞거나 하는 모든 행위들을 셔플이라고 한다.

슈트Suit

각각 숫자 카드 10장과 인물 카드 4장으로 총 14장씩 이루어져 있는데 지팡이Wands, 검Swords, 동전Pentacles, 컵Cups이 있다.

스프레드Spread

카드를 펼치는 다양한 방법을 모두 스프레드라고 하며 레이아웃과 같은 의미로 사용된다. 한 번의 질문에 한 장부터 열 장이 넘는 카드를 사용할 수 있도 있다. 그만큼 다양한 스프레드법이 존재하며 그 가짓수만 수백 가지가 넘는다.

스프레드 천Spread sheat

타로카드가 지저분해지는 것을 막기 위해 바닥에 까는 천을 말한다.

마음을 집중시키는 효과와 타로카드를 소중히 다루는 의식 행위도 포함된다.

아르카나Arcana
비밀, 신비라는 뜻의 라틴어 '아르카눔arcanum'의 복수형으로 타로카드 한 장 한 장에 지혜로움과 신비로움이 숨어 있음을 상징한다.

에이스Ace
물·불·흙·공기 각 슈트당 한 장씩 있으며 1번 카드를 의미한다. 원소의 가장 강렬하고 순수한 에너지를 상징한다.

역방향
리딩을 해주는 상담자 기준으로 카드의 위아래가 거꾸로 뒤집힌 것을 말하며 역방향 해석에 의미를 두지 않는 카드들도 있다. 역방향은 카드의 의미가 반대가 되거나 더 강해지거나 약해지기도 하며 전혀 다른 파생 키워드가 생겨나기도 한다.

오라클Oracles
신의 예언이나 계시, 또는 신탁으로

불리기도 하며 신을 숭배하기 위한 성스러운 장소를 말하기도 한다.

오컬트Occult
과학적으로 해명할 수 없는 신비적이고 초자연적인 현상 또는 그런 기술들을 이용하는 연금술·마법·점성술·점과 같은 지혜나 숨겨진 힘을 말한다.

오컬티즘Occultism
신비주의. 이성적으로 규명하기 힘든 현상을 연구하는, 초자연적인 현상을 믿고 존중하는 것을 말한다. 오컬트의 원뜻은 '덮어 감추다'로 오컬티즘은 감추어진 것, 비밀, 등을 상징하는 라틴어 occultus에서 유래했다.

오컬틱 초이스Occultic choice
타로를 뽑는 순간 설명할 수 없는 인간의 잠재력이나 무의식으로 자신이 원하거나 혹은 앞으로 일어날 미래의 일들을 알려줄 것이라는 이론으로 직역하면 '초자연적인 선택'이라는 뜻으로 우주의 기운이 서려 있다는 말이기도 하다. 말로는 그

원리를 설명하기 어렵다는 의미가 포함되어 있다.

유니버설 웨이트 타로Universal waite tarot
메리 핸슨 로버츠Mary Hanson-Roberts 가 라이더 웨이트 타로에 채색하여 제작한 카드로 라이더 웨이트 타로의 상징 체계를 갖는 타로 덱이다.

이미지 리딩Image reading
타로카드의 그림 속 색이나 이미지를 보고 느낌대로 해석해보는 것을 말한다. 스토리 메이킹story making이라고도 하며 카드 속 등장 인물과 벌어지고 있는 상황을 유추해서 긍정과 부정을 읽어내 카드가 전달하고자 하는 메시지를 이해하는 리딩법이다. 다만 지나치게 이미지 리딩에만 의존해서는 일반화의 오류를 범할 수도 있으니 주의를 요한다.

점성학Astrology
행성의 위치나 운행을 보고 개인의 길흉을 예측하는 점술의 일종이다.

정방향
카드를 펼쳤을 때, 카드를 읽어주는 사람 기준, 즉 상담자 기준에서 그림이 똑바로 되어 있는 상태를 말한다. 통상적으로 키워드는 정방향의 키워드를 의미한다.

정화Cleaning
상담하기 전 몸과 마음을 바르게 다잡는 것이나 상담 후 다음 상담을 위해 카드를 정리하고 재준비를 하기 위한 의식 과정을 말한다.

지팡이Wands
마이너 카드를 구성하는 네 가지 슈트 중 하나로, 1~10번까지의 숫자 카드와 4장의 궁정 카드를 포함 총 14장으로 구성된 카드이다. 열정·에너지·창조·몸·추진력, 노동을 상징한다.

질문자
내담자로 표현하기도 하며 타로카드의 답을 듣기를 원하는 사람, 즉 점을 보는 사람을 말한다.

커팅Cutting
카드를 섞을 때 일정한 묶음으로 카드를 나누는 것이다.

켈틱 크로스 배열법 Celtic cross spread

10장으로 보는 가장 오래된 스프레드 중 하나로 십자가를 원이 둘러싼 모양을 하고 있으며 태양신 숭배 행위에서 유래되었다.

코트 카드 Court card

총 16명의 인물로 구성된 카드로 왕과 여왕 기사와 시종으로 이루어졌으며 각각의 개성있는 성격으로 구성되어 있다. King은 남성적인 영향력, Queen은 여성적인 영향력, Knight은 젊은 청년, Page는 소년·소녀·학생을 말한다.

차크라 Chakra

산스크리트 Sanskrit 용어로 원이나 바퀴를 뜻하며, 인간의 육체와 정신을 연결하는 에너지 중심센터를 말한다. 8만 개가 넘는 차크라 중 중요한 6개의 차크라가 척수를 따라 위치한다.

트럼프 카드 Trump card

스페이드·다이아몬드·하트·클로버의 4중 구조가 타로카드의 물·불·공기·흙의 4원소 무기들 검·성배·지팡이·동전의 유래가 되었다.

핍카드 Pip card

마이너 카드 중 에이스 1~10까지의 숫자 카드를 말한다. 각각의 숫자는 수비학과 연관된 상징적 의미가 있다.

참고 문헌

타로카드와 진로적성(2012) | 박은영 | 인프레스

정신건강론(2015) | 유수현 외 | 양서원

상담심리학(2013) | 박경애

기질에 맞게 하브루타 하라!(2019) | 홍광수 | 브레멘플러스

관계(2007) | 홍광수 | 아시아코치센터